# PORADNIK DLA NOWYCH MUZUŁMANEK

## 35 podstawowych tematów do poruszania się w wierze i życiu

# Spis treści

# Informacja o prawach autorskich

# Wprowadzenie: Przyjęcie nowej ścieżki

Wejście do owczarni islamu to głębokie i transformujące doświadczenie, szczególnie dla kobiet, które próbują odnaleźć delikatną równowagę między nowo przyjętą wiarą a złożonością swojego życia osobistego. Ta podróż to odkrywanie siebie, rozwój duchowy, a czasami poważne wyzwania. Jako nowa muzułmanka możesz zastanawiać się, jak zintegrować zasady islamu ze swoim codziennym życiem, jak utrzymywać relacje z niemuzułmańskimi członkami rodziny i przyjaciółmi oraz jak budować nowe więzi w społeczności muzułmańskiej.

Ta książka, *„Poradnik dla nowych muzułmanek: 35 podstawowych tematów do poruszania się w wierze i życiu”* została zaprojektowana jako kompleksowe źródło wsparcia w tych zmianach. Każdy rozdział porusza kluczowe tematy, z którymi mierzy się wiele nowych muzułmanek, oferując praktyczne porady, duchowe spostrzeżenia i zachętę, które pomogą Ci zbudować silny fundament w Twojej wierze. Niezależnie od tego, czy martwisz się, jak przekazać swoje nowe przekonania bliskim, jak podejść do praktyk islamskich lub jak radzić sobie z presją kulturową i społeczną, ta książka ma na celu zapewnienie Ci wskazówek, których potrzebujesz.

Podróż do islamu nie polega tylko na nauce nowych rytuałów i przyjmowaniu innych praktyk; polega na uwewnętrznieniu nowego sposobu życia, który dotyka każdego aspektu twojego istnienia. Na tych stronach znajdziesz narzędzia, które pomogą ci rozwijać się duchowo, utrzymać dobre samopoczucie psychiczne i emocjonalne oraz pielęgnować zdrowe relacje w sposób, który honoruje twoją wiarę i twoje wyjątkowe okoliczności.

Rozpoczynając tę podróż, pamiętaj, że nie jesteś sama. Tysiące kobiet na całym świecie przeszło podobną drogę, a ich doświadczenia, zmagania i triumfy są świadectwem siły i odporności, które wiążą się z przyjęciem islamu. Ta książka jest towarzyszem, który pomoże ci poruszać się po wzlotach i upadkach, uspokoi cię w chwilach zwątpienia i będzie świętować z tobą chwile radości. Witaj w tym nowym rozdziale twojego życia — oby był wypełniony pokojem, rozwojem i błogosławieństwami Allaha.

# Rozdział 1: Witamy w Islamie

Rozpoczęcie podróży Islamu to głębokie i zmieniające życie doświadczenie. Jako nowa muzułmanka podjęłaś znaczący krok, który nie tylko zmienia bieg twojego życia, ale także kształtuje twoją tożsamość, cel i światopogląd. Decyzji o przyjęciu Islamu często towarzyszy mieszanka emocji — radość, pokój, ekscytacja i być może odrobina niepewności co do tego, co cię czeka.

Ten rozdział jest pierwszym krokiem do zrozumienia przemieniającej mocy wiary, którą wybrałeś. Islam, religia pokoju i poddania się woli Allaha, oferuje kompleksowy sposób życia, który obejmuje każdy aspekt istnienia, od duchowego po praktyczny. Gdy zaczniesz odkrywać tę nową ścieżkę, możesz odkryć, że islam to nie tylko zestaw rytuałów lub zasad, ale przewodnik po zrównoważonym, spełnionym i pełnym znaczenia życiu.

Jednak, jak każda znacząca zmiana, przejście na islam może nieść ze sobą wyzwania. Możesz znaleźć się w sytuacji, w której będziesz poruszać się po nowych dynamikach społecznych, uczyć się nowych praktyk i na nowo definiować swoje poczucie własnej wartości. Ten rozdział pomoże ci zrozumieć podstawowe aspekty twojej nowej wiary, oferując wgląd w to, co oznacza bycie muzułmaninem i jak zacząć integrować zasady islamu ze swoim codziennym życiem.

Pamiętaj, że podróż, w którą się wybrałeś, jest głęboko osobista. To ścieżka, którą będziesz podążać we własnym tempie, przy wsparciu globalnej społeczności wierzących. Kiedy oswajasz się z tym nowym sposobem życia, bądź cierpliwy wobec siebie, szukaj wiedzy i łącz się z innymi, którzy mogą zapewnić wsparcie i wskazówki. Twoja decyzja o przyjęciu islamu jest początkiem trwającej całe życie podróży w kierunku duchowego rozwoju, pokoju i spełnienia. Witaj w islamie — oby ta ścieżka zbliżyła cię do Allaha i napełniła twoje serce spokojem i radością.

# Rozdział 2: Nawiązanie osobistej relacji z Allahem

Rozpoczęcie podróży islamu wymaga czegoś więcej niż przyjęcia nowych praktyk i wierzeń; wymaga pielęgnowania głębokiej i osobistej relacji z Allahem, Stwórcą. Dla wielu nowych muzułmanek ta relacja staje się kamieniem węgielnym ich wiary i źródłem głębokiej siły i pocieszenia. Nawiązanie znaczącej relacji z Allahem może odmienić twoje życie duchowe i zapewnić poczucie celu i wewnętrznego spokoju.

Podstawą twojej relacji z Allahem jest zrozumienie Jego atrybutów i tego, jak odnosi się do swojego stworzenia. Allah jest opisany w Koranie jako bliski i daleki, dostępny i transcendentny, współczujący i sprawiedliwy. Ta dwoistość odzwierciedla Jego wszechobecność i Jego zdolność do zrozumienia i zaspokojenia potrzeb każdej osoby, bez względu na to, jak duże lub małe są. Wiedza, że Allah jest zawsze z tobą, słucha twoich modlitw i jest świadomy twoich zmagań, może być głęboko pocieszająca i wzmacniająca.

Aby zbudować osobistą relację z Allahem, konieczne jest podejście do Niego ze szczerością i pokorą. Zaczyna się to od praktyki *Tawbah* (pokuty), w której szukasz przebaczenia za przeszłe błędy i starasz się oczyścić swoje serce. Pokuta nie jest tylko rytuałem, ale szczerym procesem powrotu do Allaha i wyrażania szczerej skruchy za wszelkie złe uczynki. Poprzez pokutę potwierdzasz swoje zaangażowanie w podążanie za Jego wskazówkami i dążenie do samodoskonalenia.

Nawiązanie połączenia z Allahem obejmuje również regularną i uważną modlitwę. Salah, pięć codziennych modlitw, to nie tylko obowiązek rytualny, ale bezpośrednia linia komunikacji z twoim Stwórcą. Każda modlitwa to okazja do wyrażenia wdzięczności, szukania wskazówek i zastanowienia się nad twoją relacją z Allahem. Ważne jest, aby wykonywać te modlitwy z oddaniem i obecnością, skupiając się na ich znaczeniu i uczuciach, które wywołują. Pozwól, aby każda modlitwa była chwilą pocieszenia i przypomnieniem o twojej więzi z Allahem.

Oprócz obowiązkowych modlitw, angażowanie się w *Dua* (błaganie) jest istotną częścią pielęgnowania relacji z Allahem. Dua to osobista i bezpośrednia rozmowa z Allahem, w której możesz prosić o Jego pomoc, wskazówki i błogosławieństwa. W przeciwieństwie do formalnych modlitw, Dua może być odmawiana w dowolnym języku i o każdej porze. Ta elastyczność pozwala Ci otwarcie wyrażać swoje najgłębsze myśli i pragnienia. Regularne odmawianie Dua pomaga Ci poczuć się bliżej Allaha i wzmacnia Twoje zaufanie do Jego mądrości i miłosierdzia.

Innym ważnym aspektem rozwijania osobistej relacji z Allahem jest czytanie i rozmyślanie nad Koranem. Koran jest ostatecznym źródłem wskazówek i mądrości dla muzułmanów, oferującym wgląd w wolę Allaha i sposób prowadzenia prawego życia. Jako nowy muzułmanin poświęć czas na czytanie i zrozumienie Koranu, zaczynając od tłumaczeń i wyjaśnień, jeśli to konieczne. Rozważ jego wersety, staraj się zrozumieć ich znaczenie i rozważ, jak odnoszą się do twojego życia. Regularne angażowanie się w Koran pogłębi twoją duchową więź i zapewni jasność i kierunek.

Oprócz tych praktyk staraj się ucieleśniać nauki islamu w swoim codziennym życiu. Islam podkreśla znaczenie dobrego charakteru i postępowania, takich jak uczciwość, życzliwość i cierpliwość. Żyjąc zgodnie z tymi wartościami, dostosowujesz swoje działania do swojej wiary i demonstrujesz swoje oddanie Allahowi. To dopasowanie między wiarą a działaniem wzmacnia twoją relację z Allahem i służy jako odzwierciedlenie twojego wewnętrznego zaangażowania w Jego przewodnictwo.

Budowanie relacji z Allahem obejmuje również poszukiwanie wiedzy i zrozumienia islamu. Poznanie religii pomaga docenić jej nauki i zintegrować je ze swoim życiem. Uczęszczaj na zajęcia, czytaj książki i angażuj się w kontakty z doświadczonymi osobami, które mogą zaoferować wskazówki i wsparcie. Im więcej się uczysz, tym bardziej zrozumiesz głębię i bogactwo swojej wiary, wzmacniając swoją więź z Allahem.

Ponadto, angażowanie się w akty czci wykraczające poza obowiązkowe może jeszcze bardziej pogłębić twoją relację z Allahem. Dobrowolne modlitwy, czytanie hadisów (wypowiedzi proroka Mahometa) i uczestnictwo w działaniach społecznościowych to sposoby na wzbogacenie twojego życia duchowego. Praktyki te pozwalają ci wyrazić swoją miłość do Allaha i szukać Jego przyjemności w różnych aspektach twojego życia.

Ważne jest również, aby pamiętać, że budowanie relacji z Allahem to stopniowy proces. Wymaga cierpliwości, wytrwałości i otwartego serca. Będą chwile zmagań i wątpliwości, ale te wyzwania są częścią podróży. Przyjmij je jako okazje do rozwoju i nauki. Zaufaj planowi Allaha i Jego mądrości i pamiętaj, że każdy wysiłek, jaki podejmujesz, aby zbliżyć się do Niego, jest ceniony i nagradzany.

Wreszcie, otaczanie się wspierającą społecznością muzułmańską może znacząco wpłynąć na twój rozwój duchowy. Bycie częścią społeczności oferuje zachętę, dzielenie się doświadczeniami i możliwości wspólnego oddawania czci. Współpracuj ze współwyznawcami, szukaj ich rady i dziel się swoją podróżą. Silna społeczność zapewnia zarówno praktyczne wsparcie, jak i duchową motywację, pomagając ci pozostać oddanym swojej wierze.

Podsumowując, nawiązanie osobistej relacji z Allahem leży u podstaw podróży islamskiej. Obejmuje ona szczerą skruchę, regularną modlitwę, szczere błagania i głębokie zaangażowanie w Koran. Ucieleśniając islamskie wartości, poszukując wiedzy i uczestnicząc w aktach kultu, budujesz silną i trwałą więź ze swoim Stwórcą. Ta relacja jest źródłem siły, przewodnictwa i pokoju, pomagając ci poruszać się po zawiłościach życia z wiarą i odpornością. Przyjmij tę podróż z otwartym sercem i zaufaj, że Allah prowadzi cię i wspiera na każdym kroku.

# Rozdział 3: Zrozumienie Koranu

Koran jest kamieniem węgielnym wiary i praktyki islamskiej, oferującym wskazówki, mądrość i wgląd w naturę istnienia i cel życia. Dla nowych muzułmanek zrozumienie Koranu jest nie tylko niezbędne do rozwoju duchowego, ale także do integracji zasad islamskich z codziennym życiem. Ten rozdział stanowi wprowadzenie do Koranu, badając jego znaczenie, strukturę i sposób skutecznego podejścia do jego studiowania.

Koran jest uważany za dosłowne słowo Allaha, objawione Prorokowi Muhammadowi (PBUH) w okresie 23 lat. Służy jako ostateczne źródło wskazówek dla muzułmanów, obejmując szeroki zakres tematów, w tym teologię, moralność i praktyczne prawa. W przeciwieństwie do innych tekstów religijnych Koran jest zarówno przewodnikiem duchowym, jak i prawnym, oferującym instrukcje dotyczące kultu, etyki i zachowań interpersonalnych.

Jednym z kluczowych aspektów zrozumienia Koranu jest rozpoznanie jego struktury i organizacji. Koran jest podzielony na 114 rozdziałów, znanych jako Sury, które różnią się długością i obejmują różne tematy. Sury te są dalej podzielone na wersety, czyli Ayahs, które przekazują konkretne przesłania lub prawa. Układ Koranu nie jest chronologiczny, ale raczej tematyczny, przy czym niektóre rozdziały koncentrują się na kwestiach prawnych, podczas gdy inne podkreślają historie poprzednich proroków, nauki moralne lub refleksje nad stworzeniem.

Aby skutecznie podejść do Koranu, ważne jest, aby zacząć od zrozumienia jego głównych tematów i celów. Koran odnosi się do podstawowych przekonań islamu, w tym do jedności Allaha, ostateczności Proroctwa Mahometa (PBUH) i Dnia Sądu. Zawiera szczegółowe wskazówki, jak żyć życiem, które podoba się Allahowi, w tym instrukcje dotyczące czci, etycznego postępowania i sprawiedliwości społecznej.

Jednym z praktycznych sposobów na zaangażowanie się w Koran jest rozpoczęcie od przeczytania jego tłumaczenia. Dla osób, które nie mówią płynnie po arabsku, przeczytanie tłumaczenia Koranu może pomóc zrozumieć jego znaczenie i kontekst. Wybierz tłumaczenie, które jest zarówno dokładne, jak i przystępne, i rozważ przeczytanie komentarza lub Tafsiru, który zawiera wyjaśnienia i interpretacje wersetów. Tafsiru może zapewnić cenne spostrzeżenia na temat historycznego i kulturowego kontekstu objawień Koranu, pomagając zrozumieć ich znaczenie i zastosowanie.

Czytając Koran, warto podejść do niego z refleksją i kontemplacją. Każdy werset Koranu ma wiele znaczeń i może stanowić wskazówkę w różnych aspektach życia. Poświęć czas na przemyślenie wersetów i zastanów się, jak odnoszą się do twoich osobistych okoliczności i doświadczeń. Rozważanie nauk Koranu pomaga uwewnętrznić jego przesłania i zintegrować je z codziennym życiem.

Oprócz czytania i refleksji, zapamiętywanie fragmentów Koranu może być satysfakcjonującą praktyką. Wielu muzułmanów dąży do zapamiętania całego Koranu, ale nawet zapamiętywanie małych fragmentów może wzmocnić twoje połączenie z tekstem i jego naukami. Wyznaczaj osiągalne cele i korzystaj z pomocy w zapamiętywaniu, takich jak powtarzanie, słuchanie recytacji i regularne przeglądanie. Zapamiętywanie nie tylko wzmacnia twoją znajomość Koranu, ale także pomaga w jego stosowaniu i rozumieniu.

Studiuj Koran w sposób systematyczny, co również może być korzystne. Rozważ zarezerwowanie konkretnych godzin na studiowanie Koranu, indywidualnie lub w grupie. Udział w kręgach lub zajęciach ze studiowania Koranu może zapewnić strukturę i wsparcie, a także okazje do dyskusji i pytań. Współpraca z innymi, którzy również studiują Koran, może zaoferować nowe perspektywy i spostrzeżenia, czyniąc proces nauki bardziej wzbogacającym i dynamicznym.

Ważne jest również, aby podchodzić do Koranu z otwartym sercem i umysłem. Koran jest żywym tekstem, który nadal przemawia do każdego pokolenia i jednostki w unikalny sposób. Bądź otwarty na jego przesłania i pozwól, aby jego nauki kształtowały twoje myśli i czyny. Przyjmij Koran nie tylko jako dokument historyczny, ale jako źródło ciągłego przewodnictwa i inspiracji.

Oprócz osobistego studiowania, włączanie Koranu do codziennego życia jest praktycznym sposobem na pozostanie w kontakcie z jego naukami. Rozmyślaj nad wersetami Koranu podczas codziennych czynności i staraj się wdrażać jego wskazówki w swoich interakcjach z innymi. Koran zachęca muzułmanów do prowadzenia życia pełnego życzliwości, sprawiedliwości i uczciwości, a integrowanie jego zasad z twoimi działaniami wzmacnia twoją relację z Allahem i zwiększa twój osobisty rozwój.

Podsumowując, zrozumienie Koranu jest fundamentalnym aspektem twojej podróży islamskiej. Zacznij od zapoznania się z jego strukturą, tematami i tłumaczeniami, a następnie podejdź do jego studiowania z refleksją, kontemplacją i szczerością. Zapamiętywanie fragmentów Koranu i systematyczne studiowanie go może pogłębić twoją więź z jego naukami. Włączając wskazówki Koranu do swojego codziennego życia, bardziej dostosowujesz się do jego zasad i wzmacniasz swój rozwój duchowy i osobisty. Koran jest głębokim i ponadczasowym źródłem mądrości, oferującym wskazówki, pocieszenie i inspirację dla każdego aspektu twojego życia.

# Rozdział 4: Rola Sunny

Sunna, praktyki, powiedzenia i aprobaty Proroka Muhammada (PBUH), odgrywają kluczową rolę w życiu muzułmanina. Uzupełniają i objaśniają nauki Koranu, oferując praktyczne wskazówki, jak żyć zgodnie z zasadami islamu. Dla nowych muzułmanek zrozumienie i wdrożenie Sunnah może zapewnić jasność i kierunek w różnych aspektach życia, od codziennych czynności po praktyki duchowe.

Sunna jest integralną częścią islamu, ponieważ ucieleśnia praktyczne zastosowanie nauk Koranu. Podczas gdy Koran dostarcza podstawowych zasad i przykazań islamu, Sunna pokazuje, jak te zasady są realizowane. Prorok Muhammad (PBUH) służy jako idealny wzór do naśladowania dla muzułmanów, a jego czyny i wypowiedzi stanowią jasny przykład tego, jak ucieleśniać wartości islamskie w codziennym życiu.

Sunna obejmuje szeroki zakres obszarów, w tym kult, etykę, interakcje społeczne i zachowanie osobiste. Oferuje szczegółowe wskazówki dotyczące wykonywania aktów kultu, takich jak modlitwa, post i pielgrzymka, zapewniając jasność co do ich właściwego wykonania i znaczenia. Na przykład Sunna opisuje szczegółowo konkretne działania i błagania związane z każdą z pięciu codziennych modlitw, wzmacniając zrozumienie i praktykę Salah (modlitwy).

Ponadto Sunnah zajmuje się sprawami codziennymi, oferując porady dotyczące takich kwestii jak higiena, dieta i relacje międzyludzkie. Wskazówki Proroka (PBUH) dotyczące takich kwestii jak higiena osobista, nawyki żywieniowe i traktowanie członków rodziny odzwierciedlają holistyczne podejście Islamu do zachowania osobistego i społecznego. Przestrzegając tych praktyk, nowe muzułmanki mogą dostosować swoje codzienne życie do wartości i etyki przepisanych w Islamie.

Jednym z najważniejszych aspektów Sunnah jest jej rola w interpretowaniu i kontekstualizowaniu Koranu. Podczas gdy Koran dostarcza ogólnych ram prawa islamskiego i wskazówek, Sunnah oferuje konkretne przykłady i wyjaśnienia, które pomagają wyjaśnić jego zastosowanie. Na przykład Koran nakazuje wierzącym dawanie Zakat (jałmużny), ale to Sunnah dostarcza szczegółów na temat rodzajów jałmużny, jej wysokości i dystrybucji.

Studiowanie Sunnah obejmuje badanie hadisów, zapisanych wypowiedzi i czynów Proroka Muhammada (PBUH). Literatura hadisów jest obszerna i jest podzielona na różne poziomy autentyczności, od Sahih (autentyczny) do Da'if (słaby). Zrozumienie klasyfikacji hadisów i konsultacja wiarygodnych źródeł może pomóc upewnić się, że praktyki, których przestrzegasz, opierają się na autentycznych naukach. Współpraca z uczonymi i źródłami specjalizującymi się w hadisach może zapewnić głębsze spostrzeżenia i wskazówki.

Włączenie Sunnah do swojego życia wymaga intencjonalności i refleksji. Zacznij od zidentyfikowania kluczowych obszarów, w których Sunnah może wzmocnić twoją praktykę islamu. Na przykład przyjęcie sposobu powitania Proroka (PBUH), takiego jak użycie zwrotu „As-salamu alaykum" (Pokój z tobą), może sprzyjać poczuciu wspólnoty i dobrej woli. Podobnie, przyjęcie jego zaleceń dotyczących codziennych próśb i osobistego zachowania może pomóc w zintegrowaniu wartości islamskich z twoją rutyną.

Ponadto Sunna podkreśla znaczenie charakteru i postępowania. Prorok Muhammad (PBUH) jest znany ze swojego wzorowego charakteru, a jego interakcje z innymi odzwierciedlają podstawowe wartości islamskie, takie jak uczciwość, cierpliwość i współczucie. Staraj się naśladować jego zachowanie w swoich interakcjach z rodziną, przyjaciółmi i współpracownikami. Ucieleśniając te cnoty, nie tylko czcisz Sunnę, ale także przyczyniasz się do bardziej harmonijnego i etycznego środowiska.

Innym aspektem przestrzegania Sunnah jest zrozumienie jej zastosowania w różnych kontekstach. Wskazówki Proroka (PBUH) zostały przekazane w określonych kontekstach historycznych i kulturowych, a chociaż jego nauki są ponadczasowe, ich zastosowanie może się różnić w zależności od współczesnych okoliczności. Ważne jest, aby podchodzić do Sunnah z równowagą między przestrzeganiem a zrozumieniem kontekstu, zapewniając, że jej wdrożenie jest istotne i skuteczne we współczesnym świecie.

Badanie życia Proroka Muhammada (PBUH) poprzez biografie lub literaturę Sira może zapewnić cenne spostrzeżenia na temat kontekstu i znaczenia jego działań i wypowiedzi. Te źródła oferują szczegółowe opisy jego życia, w tym jego wyzwań, decyzji i interakcji, pomagając Ci uzyskać głębsze zrozumienie tego, jak Sunnah była przeżywana i wdrażana.

Podsumowując, Sunnah jest istotnym elementem praktyki islamskiej, oferującym praktyczne wskazówki i model życia zgodnie z naukami Koranu. Dla nowych muzułmanek zrozumienie i stosowanie Sunnah obejmuje studiowanie hadisów, naśladowanie zachowania Proroka (PBUH) i kontekstualizację jego wskazówek we współczesnych warunkach. Integrując Sunnah ze swoim codziennym życiem, wzbogacasz swoje zrozumienie islamu i wzmacniasz swój duchowy i osobisty rozwój. Sunnah, jako żywy przykład zasad islamskich, zapewnia cenne ramy do poruszania się po zawiłościach życia, pozostając jednocześnie wiernym istocie swojej wiary.

# Rozdział 5: Moc Dua (błagania)

Dua, czyli błaganie, jest głęboko osobistą i głęboką praktyką w islamie, która łączy wierzącego bezpośrednio z Allahem. Jest to jedno z najpotężniejszych narzędzi dostępnych dla muzułmanów, pozwalające im szukać wskazówek, wyrażać swoje potrzeby i znajdować pocieszenie. Dla nowych muzułmanek zrozumienie i wykorzystanie mocy Dua może znacznie wzmocnić ich duchową podróż i relację z Allahem.

Dua to akt czci, który wykracza poza zwykłe prośby. Jest to szczera rozmowa z Allahem, w której wyrażasz swoje najgłębsze myśli, pragnienia i obawy. W przeciwieństwie do formalnych modlitw, Dua może być odmawiana w dowolnym języku i o każdej porze, zapewniając elastyczny i intymny sposób komunikacji ze Stwórcą. Ta osobista więź jest kluczowa dla praktyki Dua, odzwierciedlając głębokie zaufanie i poleganie na Allahu.

Siła Dua ma swoje korzenie w kilku kluczowych aspektach. Po pierwsze, jest wyrazem pokory i poddania. Poprzez Dua, uznajesz swoją zależność od Allaha i swoje uznanie Jego suwerenności i zdolności do spełniania twoich próśb. Ten akt pokory wzmacnia twoją relację z Allahem i pogłębia twoją duchową świadomość.

Po drugie, Dua służy jako środek poszukiwania wskazówek i jasności. W chwilach niepewności lub podejmowania decyzji zwrócenie się do Allaha poprzez Dua może zapewnić wskazówki i wgląd. Pozwala szukać mądrości Allaha i prosić o Jego wsparcie w podejmowaniu wyborów zgodnych z Twoją wiarą i wartościami. To przewodnictwo nie zawsze jest natychmiastowe lub wyraźne, ale często objawia się poprzez poczucie spokoju i zrozumienia.

Praktyka Dua odzwierciedla również nadzieję i wiarę wierzącego w miłosierdzie i moc Allaha. Koran podkreśla, że Allah jest blisko i odpowiada tym, którzy Go wzywają. W Surze Al-Baqarah (2:186) Allah mówi: „A kiedy Moi słudzy pytają cię o Mnie, zaprawdę jestem blisko. Odpowiadam na wezwanie błagającego, kiedy Mnie wzywa".

Ten werset podkreśla zapewnienie, że Allah słucha i odpowiada na twoje prośby, wzmacniając znaczenie składania Dua ze szczerością i przekonaniem.

Aby skutecznie włączyć Dua do swojego codziennego życia, zacznij od regularnego praktykowania. Wyznacz konkretne pory na błagania, takie jak przed lub po modlitwach, w chwilach samotności lub w chwilach potrzeby. Konsekwentne odmawianie Dua pomaga utrzymać ciągłą więź z Allahem i wzmacnia nawyk zwracania się do Niego o wsparcie i wskazówki.

Ponadto pamiętaj o etykiecie i elementach składania Dua. Zacznij od pochwał i wdzięczności dla Allaha, uznając Jego atrybuty i wyrażając wdzięczność za Jego błogosławieństwa. Takie podejście pomaga ustalić pełen szacunku ton i uznaje rolę Allaha w twoim życiu. Po złożeniu próśb zakończ z poczuciem pewności i zaufania do mądrości i czasu Allaha. Pamiętaj, że odpowiedź Allaha na Dua nie zawsze jest natychmiastowa lub w dokładnie taki sposób, jakiego oczekujesz, ale Jego odpowiedzi zawsze leżą w najlepszym interesie wierzącego.

Włącz do swojej praktyki konkretne Duas, które odnoszą się do różnych aspektów twojego życia. Prorok Muhammad (PBUH) nauczał wielu Duas na różne okazje i potrzeby, od osobistych próśb po błagania o zdrowie, sukces i ochronę. Zapoznaj się z tymi Duas i używaj ich do wzbogacania swoich błagań. Ponadto możesz swobodnie wypowiadać spontaniczne Dua własnymi słowami, wyrażając swoje wyjątkowe potrzeby i uczucia.

Innym ważnym aspektem Dua jest cierpliwość i wytrwałość. Podczas gdy istotne jest, aby odmawiać Dua szczerze, równie ważne jest, aby pozostać cierpliwym i wytrwałym, ufając, że czas Allaha jest idealny. Proces odmawiania Dua jest sam w sobie formą czci i oddania, odzwierciedlając twoje ciągłe poleganie na Allahu i twoje zaangażowanie w szukanie Jego wskazówek.

Włączenie Dua do swojego życia obejmuje również refleksję nad jego wpływem. Obserwuj, jak wykonywanie Dua wpływa na twoje myśli, uczucia i decyzje. Zauważ, jak wpływa na twoje poczucie spokoju, pewności siebie i połączenia z Allahem. Ta refleksja może wzmocnić praktykę Dua i pomóc ci docenić jej rolę w twojej duchowej podróży.

Na koniec pamiętaj, że Dua nie ogranicza się do osobistych próśb. Może być również sposobem wstawiania się za innymi, prosząc Allaha o błogosławieństwo, prowadzenie i ochronę tych, na których ci zależy. Odmawianie Dua za bliskich i szerszą społeczność odzwierciedla współczucie i poczucie współzależności, wzmacniając wartości empatii i solidarności w islamie.

Podsumowując, Dua jest potężną i intymną praktyką, która łączy cię bezpośrednio z Allahem, pozwalając ci szukać wskazówek, wyrażać potrzeby i znajdować pocieszenie. Włączając Dua do swojego codziennego życia, zachowując jej etykietę i przyjmując jej znaczenie, wzmacniasz swoją duchową więź z Allahem i poprawiasz swoje ogólne samopoczucie. Praktyka Dua odzwierciedla pokorę, wiarę i zaufanie do mądrości Allaha, czyniąc ją centralnym elementem spełnionego i znaczącego życia islamskiego.

# Rozdział 6: Budowanie pewności siebie w nowej tożsamości

Przyjęcie nowej tożsamości jako muzułmanki jest głębokim i transformującym doświadczeniem. Obejmuje nie tylko przyjęcie nowych przekonań i praktyk, ale także zintegrowanie ich z Twoją osobistą i społeczną tożsamością. Budowanie pewności siebie w tej nowej roli jest kluczowe dla radzenia sobie z wyzwaniami i możliwościami, które pojawiają się wraz z Twoją podróżą wiary. Ten rozdział bada, jak pielęgnować pewność siebie, pozostając jednocześnie wiernym swojej nowej tożsamości islamskiej.

Podróż budowania pewności siebie zaczyna się od samoakceptacji. Akceptacja i przyjęcie nowej tożsamości jako muzułmanina jest podstawą rozwoju pewności siebie. Obejmuje to rozpoznanie wartości swojej wiary i zrozumienie, w jaki sposób wzbogaca ona twoje życie. Uznaj, że przejście na islam jest odważną i znaczącą decyzją i bądź dumny z kroków, które podjąłeś, aby dostosować się do swoich przekonań. Samoakceptacja pomaga wzmocnić poczucie celu i zaangażowanie w wiarę.

Edukacja odgrywa znaczącą rolę w budowaniu pewności siebie. Im więcej dowiesz się o islamie, tym bardziej będziesz czuć się bezpiecznie w swojej tożsamości. Studiuj Koran, Sunnę i historię islamu, aby lepiej zrozumieć swoją wiarę. Wiedza daje ci możliwość odpowiadania na pytania, uczestniczenia w dyskusjach i podejmowania świadomych decyzji. Uczęszczanie na zajęcia, dołączanie do grup studyjnych i angażowanie się w kontakty z osobami posiadającymi wiedzę może również zwiększyć twoje zrozumienie i pewność siebie.

Innym ważnym aspektem budowania pewności siebie jest zrozumienie i przyjęcie pozytywnych aspektów praktyk islamskich. Islam zachęca do skromności, życzliwości i rozwoju osobistego. Przyjmij te wartości jako mocne strony, które przyczyniają się do twojego dobrego samopoczucia i interakcji społecznych. Na przykład praktykowanie skromności poprzez ubiór i zachowanie może być źródłem pewności siebie, odzwierciedlając twoje zaangażowanie w twoje wartości i wzmacniając poczucie własnej wartości.

Poruszanie się w relacjach i interakcjach społecznych w nowej roli może być trudne. Ważne jest, aby podchodzić do tych interakcji z pewnością siebie i jasnością. Komunikuj swoje przekonania i praktyki otwarcie i z szacunkiem rodzinie, przyjaciołom i współpracownikom. Wyjaśnij powody, dla których przyjmujesz islam, i podziel się tym, jak pozytywnie wpływa on na twoje życie. Skuteczna komunikacja pomaga rozwiać nieporozumienia i sprzyja wzajemnemu szacunkowi, wzmacniając twoje zaufanie do nowej tożsamości.

Stawianie sobie celów osobistych i dążenie do rozwoju osobistego to kolejny sposób na budowanie pewności siebie. Określ obszary, w których chcesz się rozwijać duchowo, naukowo lub zawodowo i ustal realistyczne cele, aby je osiągnąć. Praca nad tymi celami wzmacnia poczucie spełnienia i kompetencji. Świętuj swoje osiągnięcia, bez względu na to, jak małe, ponieważ przyczyniają się one do ogólnej pewności siebie i poczucia własnej wartości.

Ważne jest również, aby otaczać się wspierającą społecznością. Bycie częścią społeczności muzułmańskiej zapewnia zachętę, towarzystwo i dzielenie się doświadczeniami. Współpracuj z innymi, którzy podzielają twoją wiarę, bierz udział w działaniach społeczności i szukaj wsparcia, gdy jest to potrzebne. Silna sieć wsparcia może wzmocnić twoją pewność siebie i zapewnić poczucie przynależności i potwierdzenia.

Pokonywanie wyzwań i niepowodzeń jest naturalną częścią budowania pewności siebie. Zrozum, że mogą pojawić się trudności i przeszkody, gdy będziesz poruszać się po swojej nowej tożsamości, ale te wyzwania są okazjami do rozwoju. Podchodź do niepowodzeń z odpornością i pozytywnym nastawieniem, ucząc się z każdego doświadczenia i wykorzystując je do wzmocnienia swojej determinacji.

Pamiętaj, że budowanie pewności siebie to stopniowy proces, a wytrwałość jest kluczowa.

Praktykowanie samoopieki i współczucia dla siebie jest kluczowe dla utrzymania pewności siebie. Znajdź czas na pielęgnowanie swojego fizycznego, emocjonalnego i duchowego dobrostanu. Zaangażuj się w działania, które przynoszą Ci radość i relaks, i szukaj wsparcia, gdy czujesz się przytłoczony. Samoopieka pomaga utrzymać zdrową równowagę i wzmacnia pozytywny obraz siebie, przyczyniając się do ogólnej pewności siebie.

Regularnie zastanawiaj się nad swoimi osiągnięciami i postępem. Prowadzenie dziennika lub dokumentowanie swoich doświadczeń może pomóc Ci rozpoznać swój wzrost i rozwój. Zastanawianie się nad swoją podróżą pozwala Ci docenić swoje osiągnięcia i uznać pozytywny wpływ Twojej wiary na Twoje życie.

Na koniec zaufaj planowi Allaha i szukaj Jego przewodnictwa. Pewność siebie to nie tylko osobiste umiejętności, ale także zaufanie mądrości i wsparciu Allaha. Odmawiaj Dua o siłę i przewodnictwo i polegaj na swojej wierze, aby zapewnić sobie pewność siebie i odporność potrzebną do nawigowania po swojej drodze. Ufaj, że plan Allaha dla ciebie jest celowy i że On cię prowadzi i wspiera na każdym kroku.

Podsumowując, budowanie pewności siebie w nowej tożsamości muzułmanki obejmuje samoakceptację, edukację i przyjęcie wartości islamskich. Skuteczna komunikacja, wyznaczanie celów i wspierająca społeczność również odgrywają kluczową rolę. Pokonywanie wyzwań dzięki odporności, praktykowanie samoopieki i refleksja nad postępami dodatkowo przyczyniają się do pewności siebie. Zaufanie przewodnictwu Allaha i szukanie Jego wsparcia wzmacnia pewność siebie i pomaga poruszać się po swojej drodze z pewnością siebie i wdziękiem. Przyjęcie nowej tożsamości z pewnością siebie pozwala w pełni doświadczyć bogactwa i spełnienia swojej wiary.

# Rozdział 7: Zarządzanie czasem dla zrównoważonego życia

Efektywne zarządzanie czasem jest niezbędne do zrównoważenia różnych aspektów życia jako nowej muzułmanki. Integrowanie praktyk islamskich z codzienną rutyną, wypełnianie obowiązków osobistych i rodzinnych oraz dążenie do rozwoju osobistego wymaga przemyślanego planowania i organizacji. Ten rozdział bada strategie efektywnego zarządzania czasem w celu osiągnięcia zrównoważonego i satysfakcjonującego życia.

Pierwszym krokiem w efektywnym zarządzaniu czasem jest ustalenie jasnych priorytetów. Określ kluczowe obszary swojego życia, które wymagają uwagi, w tym obowiązki religijne, rozwój osobisty, obowiązki rodzinne i dbanie o siebie. Zrozumienie, co jest najważniejsze, pomaga odpowiednio rozdysponować czas i zapewnia, że zajmujesz się każdym obszarem z odpowiednim naciskiem. Na przykład, nadaj priorytet codziennym modlitwom i studiowaniu Koranu, jednocześnie poświęcając czas na zajęcia rodzinne i zainteresowania osobiste.

Utworzenie ustrukturyzowanego harmonogramu to praktyczny sposób na efektywne zarządzanie czasem. Opracuj dzienny lub tygodniowy plan, który określa Twoje zadania, zobowiązania i cele. Użyj narzędzi, takich jak planery, kalendarze lub aplikacje cyfrowe, aby zorganizować swój harmonogram. Uwzględnij bloki czasowe na modlitwy, naukę, pracę i zajęcia rekreacyjne. Dobrze zorganizowany harmonogram pomaga Ci utrzymać się na właściwej drodze, zmniejsza stres i zapewnia, że przydzielasz czas wszystkim aspektom swojego życia.

Włącz praktyki islamskie do swojego harmonogramu, aby utrzymać duchowe skupienie. Przydziel konkretne godziny na codzienne modlitwy, recytację Koranu i Dua. Zintegruj te praktyki płynnie ze swoją rutyną, aby stały się naturalnymi i stałymi częściami Twojego dnia. Na przykład rozważ wykorzystanie wczesnych godzin porannych lub wieczornych na studiowanie i refleksję nad Koranem, dopasowując te czynności do swojego osobistego harmonogramu.

Skuteczne zarządzanie czasem obejmuje również wyznaczanie osiągalnych celów i zarządzanie oczekiwaniami. Podziel większe cele na mniejsze, możliwe do opanowania zadania i ustal realistyczne terminy dla każdego z nich. Takie podejście pomaga zapobiegać przytłoczeniu i pozwala śledzić postępy stopniowo. Świętuj swoje osiągnięcia i dostosowuj swoje cele w razie potrzeby, zachowując elastyczne nastawienie, aby dostosować się do zmian w priorytetach lub okolicznościach.

Zarządzanie czasem wymaga również zarządzania rozproszeniami i pozostawania skupionym. Zidentyfikuj typowe rozproszenia, które zakłócają Twoją produktywność, takie jak media społecznościowe, nadmierne oglądanie telewizji lub niezorganizowane miejsca pracy. Wdróż strategie minimalizujące te rozproszenia, takie jak ustalanie konkretnych godzin sprawdzania mediów społecznościowych lub tworzenie wyznaczonego miejsca pracy. Pozostawanie skupionym na swoich zadaniach zwiększa Twoją wydajność i pomaga Ci jak najlepiej wykorzystać swój czas.

Wprowadź do swojego harmonogramu czas na dbanie o siebie i relaks. Zrównoważenie pracy, praktyk religijnych i obowiązków osobistych wymaga utrzymania dobrego samopoczucia fizycznego i emocjonalnego. Przeznacz czas na czynności, które Cię odmładzają, takie jak ćwiczenia, hobby lub spędzanie czasu z bliskimi. Priorytetowe traktowanie dbania o siebie zapewnia zachowanie zdrowej równowagi i uniknięcie wypalenia.

Deleguj zadania i szukaj wsparcia, gdy jest to potrzebne. Zarządzanie czasem nie polega na robieniu wszystkiego samemu, ale na skutecznym zarządzaniu obowiązkami. Dziel się obowiązkami domowymi z członkami rodziny, szukaj pomocy u przyjaciół lub członków społeczności i rozważ zlecenie zadań na zewnątrz, jeśli jest to możliwe. Delegowanie zadań pozwala Ci skupić się na obszarach, w których możesz mieć największy wpływ i zmniejsza obciążenie związane z samodzielnym zarządzaniem wszystkim.

Regularnie przeglądaj i dostosowuj swój harmonogram, aby odzwierciedlał zmieniające się priorytety i zobowiązania. Okresowo oceniaj swoje strategie zarządzania czasem, aby upewnić się, że są zgodne z Twoimi celami i stylem życia. Wprowadź zmiany w razie potrzeby, aby uwzględnić nowe obowiązki, zmiany w rutynie lub rozwój osobisty. Elastyczność jest kluczem do zachowania równowagi i dostosowania się do zmieniających się wymagań Twojego życia.

Zastanów się nad swoimi praktykami zarządzania czasem i ich wpływem na Twoje ogólne samopoczucie. Zastanów się, jak skutecznie równoważysz swoje zobowiązania religijne, rozwój osobisty i obowiązki rodzinne. Zastanów się nad wszelkimi obszarami, w których możesz potrzebować udoskonalenia lub dostosowania swojego podejścia. Regularna autorefleksja pomaga Ci pozostać w zgodzie z Twoimi celami i zapewnia, że zarządzasz swoim czasem w sposób, który wspiera zrównoważone i satysfakcjonujące życie.

Na koniec, szukaj wskazówek i wsparcia u Allaha. Odmawiaj Dua o pomoc w efektywnym zarządzaniu czasem i osiągnięciu równowagi w życiu. Zaufaj mądrości Allaha i szukaj Jego pomocy w ustalaniu priorytetów zadań i obowiązków. Polegaj na swojej wierze, aby zapewniła ci siłę i jasność potrzebną do nawigowania codziennym życiem z celem i intencją.

Podsumowując, skuteczne zarządzanie czasem dla zrównoważonego życia obejmuje ustalanie jasnych priorytetów, tworzenie ustrukturyzowanego harmonogramu i włączanie praktyk islamskich do swojej rutyny. Wyznaczanie osiągalnych celów, radzenie sobie z rozproszeniami i priorytetowe traktowanie dbania o siebie są niezbędne do zachowania równowagi. Deleguj zadania, regularnie przeglądaj i dostosowuj swój harmonogram oraz szukaj wskazówek u Allaha. Dzięki skutecznemu zarządzaniu czasem możesz osiągnąć spełnione i zrównoważone życie, które szanuje Twoją wiarę i wspiera Twój osobisty rozwój.

# Rozdział 8: Skromność i hidżab

Skromność i praktyka noszenia hidżabu są podstawowymi aspektami tożsamości i wartości islamskich. Dla nowych muzułmanek zrozumienie znaczenia tych praktyk i włączenie ich do codziennego życia jest ważnym krokiem w ucieleśnianiu zasad islamskich. Ten rozdział bada koncepcje skromności i hidżabu, oferując wskazówki, jak przyjąć i wdrożyć te aspekty wiary z pewnością siebie i wdziękiem.

Skromność, lub *haya* , jest podstawową wartością w islamie, która wykracza poza fizyczny ubiór, obejmując zachowanie, mowę i interakcje. Odzwierciedla poczucie szacunku do siebie i innych, a także zobowiązanie do zachowania godności i integralności. W Koranie Allah podkreśla znaczenie skromności zarówno u mężczyzn, jak i u kobiet. W przypadku kobiet skromność wyraża się zarówno poprzez ubiór, jak i zachowanie, kierując interakcjami i osobistą prezentacją.

Hidżab, termin powszechnie używany do określenia chusty na głowę noszonej przez muzułmanki, jest wyrazem skromności. Choć hidżab jest widocznym symbolem, jego znaczenie wykracza poza sam wygląd. Reprezentuje on oddanie wartościom islamskim i pragnienie życia zgodnie z przykazaniami Allaha. Noszenie hidżabu jest osobistym wyborem i odzwierciedleniem wiary i poświęcenia skromności.

Zrozumienie zasad noszenia hidżabu jest kluczowe dla zintegrowania go z twoim życiem z pewnością siebie. Koran porusza kwestię skromności i zakrywania ciała w kilku wersetach, w tym w Surah An-Nur (24:31), która nakazuje wierzącym kobietom „strzec swojej skromności" i „zasłaniać swoje piersi zasłonami". Hidżab nie jest tylko częścią garderoby, ale manifestacją tej szerszej koncepcji skromności.

Przyjmując hidżab, zacznij od zrozumienia różnych stylów i praktyk kulturowych z nim związanych. Hidżab można nosić na różne sposoby, w zależności od osobistych preferencji i wpływów kulturowych. Poznaj różne style i znajdź ten, który sprawia, że czujesz się komfortowo i pewnie. Celem jest wybranie stylu, który jest zgodny z Twoimi wartościami, a jednocześnie pozwala Ci wyrażać siebie w sposób autentyczny.

Włączenie hidżabu do codziennego życia wymaga praktycznych rozważań i dostosowań. Zacznij od stopniowego włączania hidżabu do swojej rutyny, zaczynając od znanych ustawień i stopniowo rozszerzając na różne środowiska. Daj sobie czas na dostosowanie się i poszukaj wsparcia u innych muzułmanek, które noszą hidżab. Ich doświadczenia i porady mogą dostarczyć cennych spostrzeżeń i zachęty.

Rozwiązywanie potencjalnych wyzwań i reakcji innych jest ważnym aspektem noszenia hidżabu. Możesz napotkać pytania, nieporozumienia, a nawet negatywne reakcje ze strony osób, które nie są zaznajomione z praktykami islamskimi. Podchodź do tych sytuacji z cierpliwością i wdziękiem. Wykorzystuj okazje, aby edukować innych o znaczeniu hidżabu i jego roli w twojej wierze. Utrzymując pozytywne nastawienie i formułując swoje powody, możesz pomóc w budowaniu zrozumienia i szacunku.

Skromność wykracza poza hidżab i obejmuje zachowanie i interakcje z innymi. Przyjmij zasady skromności w swojej mowie, czynach i relacjach. Praktykuj pokorę, życzliwość i szacunek w swoich interakcjach, odzwierciedlając wartości islamu we wszystkich aspektach swojego życia. To holistyczne podejście do skromności wzmacnia wpływ noszenia hidżabu i wzmacnia twoje zaangażowanie w zasady islamskie.

Integracja skromności i hidżabu z życiem osobistym i zawodowym może wymagać przemyślanego rozważenia i planowania. Na przykład w środowisku zawodowym znajdź sposoby na zachowanie skromnego ubioru, przestrzegając przy tym dress code'ów lub wymogów dotyczących munduru. Szukaj wspierających środowisk i miejsc pracy, które szanują i dostosowują się do praktyk islamskich. Zrównoważenie skromności z oczekiwaniami zawodowymi jest możliwe dzięki starannemu plałowaniu i otwartej komunikacji.

Zastanów się nad osobistym znaczeniem noszenia hidżabu i praktykowania skromności. Rozważ, w jaki sposób te praktyki wzmacniają twoje poczucie tożsamości, wiary i celu. Przyjmij pozytywny wpływ, jaki mają na twoją samoocenę i poczucie związku z Allahem. Ta refleksja pomaga wzmocnić twoje zaangażowanie i pewność siebie w twoich wyborach.

Na koniec pamiętaj, że skromność i hidżab są osobistymi wyrazami wiary i należy do nich podchodzić szczerze i z zamiarem. Szukaj wskazówek u Allaha poprzez modlitwę i Dua, prosząc o siłę i jasność w podtrzymywaniu swojego zaangażowania w skromność. Ufaj, że twoje wysiłki, aby przestrzegać tych zasad, są cenione i nagradzane w twojej podróży wiary.

Podsumowując, skromność i hidżab są integralnymi aspektami tożsamości islamskiej, odzwierciedlającymi oddanie wierze i godności. Zrozumienie zasad stojących za skromnością i hidżabem, integrowanie ich w swoim życiu z pewnością siebie i cierpliwe rozwiązywanie wyzwań jest niezbędne do przyjęcia tych praktyk. Ucieleśniając skromność zarówno w wyglądzie, jak i zachowaniu, czcisz swoją wiarę i wzmacniasz swoje duchowe połączenie, przyczyniając się do zrównoważonego i spełnionego życia islamskiego.

# Rozdział 9: Utrzymywanie relacji z rodziną niemuzułmańską

Nawigowanie w relacjach z niemuzułmańskimi członkami rodziny może wiązać się z wyjątkowymi wyzwaniami i możliwościami, gdy przyjmujesz islam. Zrównoważenie szacunku dla swojej wiary z ważnością utrzymywania więzi rodzinnych wymaga wrażliwości, cierpliwości i zrozumienia. Ten rozdział bada strategie zarządzania tymi relacjami przy jednoczesnym zachowaniu wierności zasadom islamskim.

Utrzymywanie relacji z niemuzułmańskimi członkami rodziny wymaga delikatnej równowagi między honorowaniem swojej wiary a podtrzymywaniem więzi rodzinnych. Ważne jest, aby podchodzić do tych relacji ze współczuciem i szacunkiem, uznając, że różnice w wierzeniach nie umniejszają znaczenia więzi rodzinnych. Angażowanie się w relacje z członkami rodziny w sposób pełen szacunku sprzyja zrozumieniu i wzajemnemu szacunkowi, nawet w obliczu odmiennych wartości.

Otwarta i szczera komunikacja jest kluczowa w zarządzaniu relacjami z rodziną niemuzułmańską. Podziel się swoimi powodami przyjęcia islamu w przemyślany i jasny sposób, podkreślając pozytywne aspekty swojej wiary i to, jak wzbogaciła ona twoje życie. Odpowiedz na wszelkie pytania lub wątpliwości, które mogą mieć, cierpliwie i jasno, pomagając im zrozumieć twoją perspektywę i znaczenie twojej wiary.

Szanowanie tradycji i wartości Twojej rodziny, przy jednoczesnym zachowaniu praktyk islamskich, jest kluczowe. Uczestnicz w spotkaniach i uroczystościach rodzinnych w sposób, który honoruje zarówno Twoją wiarę, jak i więzi rodzinne. Na przykład, jeśli wydarzenia rodzinne obejmują działania lub tradycje, które są sprzeczne z Twoimi przekonaniami, znajdź sposoby na zaangażowanie się z szacunkiem, zachowując jednocześnie swoje osobiste granice. Twój udział w wydarzeniach rodzinnych pokazuje Twoje zaangażowanie w utrzymywanie relacji, nawet gdy poruszasz się po różnicach wartości.

Staraj się znaleźć wspólny grunt i wspólne zainteresowania z członkami rodziny, którzy nie są muzułmanami. Skupienie się na wspólnych zainteresowaniach i aktywnościach może wzmocnić wasze relacje i stworzyć okazje do pozytywnych interakcji. Angażując się we wspólne doświadczenia, możesz budować silniejsze więzi i pokazać, że twoja wiara nie wyklucza możliwości cieszenia się i doceniania czasu spędzonego z rodziną.

Ustal jasne granice, gdy jest to konieczne, aby zachować wiarę i osobistą integralność. Komunikuj swoje granice z życzliwością i stanowczością, upewniając się, że są zrozumiane i respektowane. Na przykład, jeśli pewne tematy lub działania są dla Ciebie niewygodne ze względu na Twoją wiarę, wyraź swoje uczucia w sposób rozważny i zasugeruj alternatywne sposoby zaangażowania. Ustalanie granic pomaga zachować Twoje osobiste wartości, jednocześnie utrzymując pełne szacunku relacje rodzinne.

Poruszanie się po różnicach religijnych i kulturowych z niemuzułmańskimi członkami rodziny wymaga cierpliwości i empatii. Uznaj, że ich perspektywy i doświadczenia mogą różnić się od twoich i podchodź do interakcji z otwartym umysłem. Zrozumienie ich punktów widzenia i okazanie empatii może sprzyjać wzajemnemu szacunkowi i tworzyć bardziej harmonijne środowisko, nawet gdy pojawiają się nieporozumienia.

Zachęcaj do pozytywnego dialogu i wzajemnego uczenia się w swojej rodzinie. Dziel się informacjami o praktykach i wartościach islamskich w sposób przystępny i angażujący. Zaproś członków rodziny do zadawania pytań i poznawania swojej wiary w sposób bezkonfrontacyjny. Poprzez pielęgnowanie środowiska ciekawości i zrozumienia możesz pomóc w przezwyciężaniu luk i budowaniu silniejszych, bardziej świadomych relacji.

W czasach nieporozumień lub napięć podchodź do konfliktów z duchem pojednania i kompromisu. Skup się na znajdowaniu rozwiązań, które szanują zarówno twoją wiarę, jak i relacje rodzinne. Szukaj wspólnego gruntu i dąż do zrozumienia, nawet jeśli wymaga to kompromisu. Rozwiązywanie konfliktów z wdziękiem i empatią wzmacnia twoje zaangażowanie w utrzymywanie silnych więzi rodzinnych przy jednoczesnym honorowaniu twoich przekonań.

Pamiętaj, aby szukać wskazówek i wsparcia u Allaha podczas interakcji z niemuzułmańskimi członkami rodziny. Odmawiaj Dua o mądrość, cierpliwość i siłę w zarządzaniu tymi relacjami. Ufaj, że Allah zapewni ci wskazówki i wsparcie potrzebne do poruszania się w tych interakcjach, pozostając wiernym swojej wierze.

Podsumowując, utrzymywanie relacji z niemuzułmańskimi członkami rodziny wymaga równowagi szacunku, komunikacji i zrozumienia. Podchodząc do tych relacji ze współczuciem, ustalając jasne granice i pielęgnując pozytywny dialog, możesz poruszać się po różnicach w wierzeniach, jednocześnie zachowując silne więzi rodzinne. Przyjmowanie swojej wiary z ufnością i wdziękiem oraz szukanie wskazówek u Allaha pozwala ci szanować zarówno zasady islamskie, jak i więzi rodzinne.

# Rozdział 10: Poruszanie się po małżeństwie z mężem niebędącym muzułmaninem

Poruszanie się po małżeństwie z mężem niebędącym muzułmaninem wymaga zrozumienia i zajęcia się zarówno aspektami religijnymi, jak i praktycznymi, aby zapewnić harmonijny i pełen szacunku związek. Dla nowych muzułmanek zrównoważenie zasad islamskich z dynamiką małżeństwa międzywyznaniowego wymaga starannego rozważenia i jasnej komunikacji. Ten rozdział bada fiqh (islamską jurysprudencję) związaną z małżeństwami międzywyznaniowymi i oferuje wskazówki dotyczące utrzymywania kochającej i pełnej szacunku relacji.

W jurysprudencji islamskiej dopuszczalność małżeństwa między muzułmanką a niemuzułmaninem jest przedmiotem znaczącej dyskusji. Zgodnie z klasycznym islamskim fiqhem muzułmanka tradycyjnie nie ma prawa poślubić niemuzułmanina. Orzeczenie to opiera się na różnych wersetach Koranu i hadisach, które podkreślają znaczenie wspólnej wiary i wartości w związku małżeńskim. Na przykład sura Al-Baqarah (2:221) odradza zawieranie małżeństw z politeistami, dopóki nie przyjmą islamu, podkreślając znaczenie wspólnych przekonań religijnych w budowaniu harmonijnego małżeństwa.

Istnieją jednak niuanse poglądów w ramach współczesnej nauki islamskiej na temat małżeństw międzywyznaniowych, zwłaszcza w kontekście różnych okoliczności kulturowych i osobistych. Niektórzy naukowcy i prawnicy islamscy opowiadają się za znaczeniem wzajemnego szacunku i zrozumienia w takich związkach, pod warunkiem, że małżeństwo jest zgodne z wartościami i zasadami islamskimi. Ważne jest, aby skonsultować się z doświadczonymi uczonymi lub lokalnymi imamami, aby uzyskać głębsze zrozumienie tego, w jaki sposób te orzeczenia mają zastosowanie do Twojej konkretnej sytuacji i otrzymać spersonalizowane wskazówki.

Komunikacja i wzajemny szacunek są niezbędne w poruszaniu się po małżeństwie międzywyznaniowym. Otwarte i szczere dyskusje na temat przekonań religijnych, praktyk i oczekiwań mogą pomóc w ustanowieniu fundamentu zrozumienia i współpracy. Poruszaj tematy takie jak obrzędy religijne, ograniczenia dietetyczne i tradycje rodzinne na wczesnym etapie związku, aby upewnić się, że oboje partnerzy są świadomi i szanują praktyki i wartości drugiej strony.

Jednym z kluczowych zagadnień w małżeństwie międzywyznaniowym jest przestrzeganie praktyk i obowiązków islamskich. Obejmuje to wypełnianie obowiązków religijnych, takich jak codzienne modlitwy, post i przestrzeganie islamskich zasad ubioru, a także branie pod uwagę przekonań i praktyk męża. Znalezienie równowagi między praktykowaniem wiary a szanowaniem perspektyw męża wymaga przemyślanych negocjacji i kompromisów.

Wychowywanie dzieci w małżeństwie międzywyznaniowym wiąże się z dodatkowymi rozważaniami. Ważne jest, aby omówić i uzgodnić, jak podejść do edukacji religijnej i wychowania. Podczas gdy perspektywa islamska podkreśla znaczenie wychowywania dzieci w wierze, istotne jest, aby podejść do tego tematu z wrażliwością i wzajemnym szacunkiem. Dąż do stworzenia środowiska, które sprzyja zrozumieniu przekonań obojga rodziców, zapewniając jednocześnie skuteczne przekazywanie wartości islamskich.

Zarządzanie dynamiką rodziny i społeczeństwa odgrywa również znaczącą rolę w małżeństwie międzywyznaniowym. Bądź przygotowany na odpowiadanie na pytania lub wątpliwości ze strony członków rodziny i szerszej społeczności muzułmańskiej. Podchodź do tych dyskusji z cierpliwością i jasnością, podkreślając pozytywne aspekty swojego związku i swoje zaangażowanie w utrzymanie wartości islamskich.

Szukaj wskazówek u Allaha poprzez modlitwę i Dua. Proś Allaha o wsparcie w radzeniu sobie ze złożonością małżeństwa międzywyznaniowego i utrzymywaniu silnych, pełnych szacunku relacji. Zaufaj mądrości Allaha i szukaj Jego pomocy w radzeniu sobie z wszelkimi wyzwaniami, które mogą się pojawić.

Podsumowując, nawigowanie po małżeństwie z mężem niebędącym muzułmaninem wymaga zrozumienia fiqh związanego z małżeństwami międzywyznaniowymi i zrównoważenia obowiązków religijnych z wzajemnym szacunkiem. Skuteczna komunikacja, szacunek dla przekonań drugiej osoby i przemyślane rozważenie dynamiki rodziny są niezbędne. Szukaj wskazówek u doświadczonych uczonych i ufaj wsparciu Allaha, gdy nawigujesz po zawiłościach swojego związku, starając się zachować swoje islamskie wartości.

# Rozdział 11: Wychowywanie dzieci w rodzinie o mieszanej wierze

Wychowywanie dzieci w domu o mieszanej wierze wymaga starannego rozważenia, wrażliwości i równowagi, aby zapewnić dzieciom środowisko wychowawcze, które szanuje przekonania obojga rodziców. Dla nowych muzułmanek w takich domach poruszanie się po zawiłościach wychowywania dzieci w sposób, który szanuje wartości islamskie, a jednocześnie uwzględnia różne perspektywy wiary obojga rodziców, jest kluczowe. Ten rozdział oferuje wskazówki, jak podejść do rodzicielstwa w domu o mieszanej wierze, utrzymując jednocześnie silne podstawy islamskie.

Ustanowienie fundamentu wzajemnego szacunku i zrozumienia jest niezbędne podczas wychowywania dzieci w domu o mieszanej wierze. Otwarta komunikacja między obojgiem rodziców na temat przekonań religijnych, wartości i praktyk jest kluczowa dla stworzenia spójnego podejścia do rodzicielstwa. Omów i uzgodnij, w jaki sposób podejść do edukacji religijnej, celebracji i codziennych praktyk w sposób, który szanuje obie wiary. To wzajemne zrozumienie sprzyja środowisku wspierającemu wychowywanie dzieci i pomaga zapobiegać konfliktom związanym z wychowaniem religijnym.

Jednym z głównych zagadnień w domu o mieszanej wierze jest to, jak przekazać dzieciom edukację religijną i wartości. Islam podkreśla znaczenie wpajania wiary i wartości moralnych od najmłodszych lat. Staraj się zapewnić dzieciom solidne podstawy w naukach islamskich, w tym Koranie, hadisach i zasadach dobrego charakteru. Włączaj praktyki islamskie do codziennego życia, takie jak modlitwy, post w czasie Ramadanu i uczęszczanie do meczetu, aby modelować i wzmacniać te wartości.

Jednocześnie szanuj i uznaj przekonania i praktyki swojego współmałżonka. Zachęcaj do stworzenia środowiska, w którym Twoje dzieci mogą uczyć się i doceniać tradycje wiary obojga rodziców. Takie podejście pomaga dzieciom zrozumieć i szanować różnorodność, jednocześnie wzmacniając ich własną tożsamość religijną. Na przykład, jeśli Twój współmałżonek ma określone tradycje lub praktyki religijne, pozwól swoim dzieciom uczestniczyć i uczyć się o tych praktykach, pod warunkiem, że nie są one sprzeczne z wartościami islamskimi.

Znalezienie równowagi między dwiema wiarami w rodzinnych rytuałach i uroczystościach jest również ważne. Obchodź islamskie święta i wydarzenia, takie jak Eid i Ramadan, z entuzjazmem i zaangażowaniem. Jednocześnie bądź otwarty na uznawanie i uczestnictwo w religijnych uroczystościach współmałżonka, jeśli jest to stosowne. To zrównoważone podejście pokazuje szacunek dla obu wiar i zapewnia dzieciom wszechstronne zrozumienie różnorodnych praktyk religijnych.

Odpowiadanie na pytania i ciekawość dzieci na temat różnic religijnych wymaga szczerości i wrażliwości. Udzielaj odpowiednich do wieku wyjaśnień na temat swojej wiary i przekonań współmałżonka. Podkreślaj wspólne wartości, takie jak życzliwość, szacunek i miłość, które są wspólne dla różnych religii. Odpowiadając na ich pytania otwarcie i z szacunkiem, pomagasz swoim dzieciom rozwinąć pozytywny i świadomy pogląd na obie wiary.

Zaangażuj oboje rodziców w edukację religijną i moralną. Współpracuj w nauczaniu wartości, zasad etycznych i lekcji życiowych, które są zgodne z obiema wiarami. Ten wspólny wysiłek zapewnia spójny przekaz i wzmacnia znaczenie szacunku i zrozumienia różnych przekonań. Pozwala również dzieciom korzystać z połączonej mądrości i perspektyw obojga rodziców.

Utrzymanie silnej tożsamości islamskiej u dzieci wiąże się z dawaniem pozytywnego przykładu i proaktywnym podejściem do ich edukacji religijnej. Upewnij się, że Twoje dzieci mają dostęp do zasobów islamskich, takich jak zajęcia z Koranu, książki islamskie i programy społecznościowe. Zaangażuj je w działania, które wzmacniają ich wiarę i więź ze społecznością muzułmańską. To proaktywne podejście pomaga Twoim dzieciom rozwijać się z silnym poczuciem tożsamości islamskiej i przynależności.

Poruszanie się po wyzwaniach rodziny o mieszanej wierze wymaga cierpliwości, elastyczności i ciągłej komunikacji. Bądź przygotowany na rozwiązywanie wszelkich konfliktów lub problemów, które się pojawią, z wrażliwością i skupieniem na znalezieniu wspólnego gruntu. Regularnie omawiaj i przeglądaj swoje podejście do rodzicielstwa i edukacji religijnej ze swoim współmałżonkiem, aby upewnić się, że obie wiary są szanowane, a Twoje dzieci otrzymują spójne wskazówki.

Poszukaj wsparcia i wskazówek u uczonych islamskich, liderów społeczności i innych rodziców w podobnych sytuacjach. Ich spostrzeżenia i doświadczenia mogą zapewnić cenne porady i zachętę. Zaangażowanie się we wspierającą społeczność może również zaoferować praktyczne rozwiązania i wsparcie emocjonalne, gdy będziesz poruszać się po zawiłościach rodzicielstwa w domu o mieszanej wierze.

Na koniec odmów Dua o wskazówki i siłę w rodzicielstwie. Szukaj pomocy Allaha w zapewnieniu mądrości, cierpliwości i jasności, gdy wychowujecie swoje dzieci w środowisku o mieszanej wierze. Ufaj, że Allah wesprze twoje wysiłki i obdarzy cię umiejętnością wychowywania swoich dzieci z miłością i wiarą.

Podsumowując, rodzicielstwo w domu o mieszanej wierze obejmuje stworzenie pełnego szacunku i zrównoważonego środowiska, które szanuje przekonania obojga rodziców. Nawiązanie jasnej komunikacji, zapewnienie edukacji religijnej i zaangażowanie obojga rodziców w proces wychowania są kluczowe dla poruszania się w tej dynamice. Poprzez otwarte odpowiadanie na pytania, celebrowanie obu wiar i poszukiwanie wsparcia możesz stworzyć pozytywne i inkluzywne środowisko dla swoich dzieci, jednocześnie utrzymując silne podstawy islamskie.

# Rozdział 12: Budowanie nowych przyjaźni w społeczności muzułmańskiej

Budowanie nowych przyjaźni w społeczności muzułmańskiej może być satysfakcjonującym i wzbogacającym doświadczeniem, gdy przyjmujesz swoją nową wiarę. Nawiązywanie znaczących połączeń z innymi muzułmanami zapewnia wsparcie, zrozumienie i poczucie przynależności. Ten rozdział bada skuteczne strategie tworzenia i pielęgnowania przyjaźni w społeczności muzułmańskiej i podkreśla korzyści płynące z tych relacji w Twojej podróży wiary.

Zacznij od aktywnego zaangażowania się w lokalną społeczność muzułmańską. Bierz udział w wydarzeniach meczetowych, spotkaniach społeczności i zajęciach islamskich, aby poznać innych muzułmanów i zanurzyć się w społeczności. Uczestnicz w modlitwach Jummah, kręgach studyjnych i zajęciach towarzyskich organizowanych przez meczet lub lokalne centra islamskie. Obecność na tych wydarzeniach nie tylko pomaga poznać nowych ludzi, ale także daje okazje do zaangażowania się we wspólne doświadczenia i zainteresowania.

Poszukaj organizacji i grup islamskich, które są zgodne z Twoimi zainteresowaniami i wartościami. Wiele społeczności ma wyspecjalizowane grupy dla kobiet, młodzieży lub profesjonalistów, które skupiają się na różnych aspektach życia islamskiego. Dołączenie do tych grup pozwala nawiązać kontakt z innymi osobami o podobnych zainteresowaniach i celach. Poszukaj kółek studyjnych, organizacji wolontariackich lub klubów towarzyskich w społeczności muzułmańskiej, aby znaleźć osoby o podobnych poglądach.

Podchodź do nowych relacji z otwartością i szczerością. Przedstaw się innym, mając szczere zainteresowanie ich poznaniem. Bądź przystępny i przyjazny, a także wykaż chęć angażowania się w rozmowy o wierze, doświadczeniach i wspólnych zainteresowaniach. Budowanie przyjaźni często zaczyna się od małych, szczerych interakcji, które z czasem mogą przerodzić się w głębsze więzi.

Bądź proaktywny w utrzymywaniu i pielęgnowaniu nowych przyjaźni. Skontaktuj się z nowymi znajomymi, aby zorganizować zajęcia towarzyskie, takie jak udział w wykładzie, udział w projekcie służby społecznej lub po prostu wspólne wypicie kawy. Regularna komunikacja i wspólne zajęcia pomagają wzmocnić więzi i stworzyć poczucie koleżeństwa. Staraj się utrzymywać kontakt i okazywać wdzięczność za przyjaźnie, które rozwijasz.

Pielęgnuj ducha empatii i wsparcia w swoich nowych przyjaźniach. Bądź przy swoich przyjaciołach w potrzebie i oferuj zachętę i zrozumienie, gdy podążają własną drogą wiary. Dzielenie się doświadczeniami, udzielanie wsparcia i oferowanie słuchania przyczyniają się do budowania silnych i trwałych przyjaźni. Prawdziwa troska i współczucie są niezbędnymi elementami w pielęgnowaniu znaczących więzi.

Weź udział w działalności społecznej i charytatywnej. Wolontariat w projektach społecznych, organizowanie zbiórek funduszy lub pomoc w lokalnych inicjatywach pozwala Ci pracować z innymi w społeczności. Te wspólne wysiłki stwarzają okazje do budowania więzi wokół wspólnych celów i demonstrowania Twojego zaangażowania w służbę innym. Działalność społeczna to potężny sposób budowania relacji przy jednoczesnym przyczynianiu się do dobrobytu społeczności.

Szanuj i doceniaj różnorodność w społeczności muzułmańskiej. Uznaj, że społeczność muzułmańska jest zróżnicowana pod względem pochodzenia kulturowego, tradycji i doświadczeń. Przyjmij tę różnorodność i staraj się uczyć z perspektyw i doświadczeń innych. Doceniając bogactwo społeczności i okazując szacunek różnym tradycjom i praktykom, przyczyniasz się do bardziej inkluzywnego i harmonijnego środowiska.

Rozwiązuj wszelkie wyzwania lub nieporozumienia z cierpliwością i dyplomacją. Budowanie przyjaźni może obejmować poruszanie się po różnicach w opiniach lub praktykach. Podchodź do konfliktów w duchu pojednania i zrozumienia, skupiając się na znalezieniu wspólnego gruntu i polubownym rozwiązywaniu problemów. Otwarta i pełna szacunku komunikacja pomaga wzmacniać relacje i budować zaufanie.

Poszukaj mentoringu i wskazówek od bardziej doświadczonych członków społeczności. Kontakt z mentorami lub liderami społeczności może zapewnić cenne porady i wsparcie podczas poruszania się po nowym środowisku społecznym. Ich spostrzeżenia i doświadczenia mogą pomóc Ci lepiej zrozumieć dynamikę społeczności i zaoferować wskazówki dotyczące budowania znaczących relacji.

Na koniec, odmów Dua o przewodnictwo Allaha w twoich staraniach o budowanie nowych przyjaźni. Proś Allaha, aby obdarzył cię zdolnością do tworzenia pozytywnych i wspierających więzi w społeczności muzułmańskiej. Ufaj, że Allah pobłogosławi twoje wysiłki i zapewni ci przyjaciół, którzy będą źródłem wsparcia, zachęty i towarzyszami w twojej podróży wiary.

Podsumowując, budowanie nowych przyjaźni w społeczności muzułmańskiej wymaga aktywnego uczestnictwa, otwartości i szczerości. Angażowanie się w działania społecznościowe, poszukiwanie grup zgodnych z Twoimi zainteresowaniami i pielęgnowanie relacji z empatią i wsparciem są kluczem do tworzenia znaczących połączeń. Przyjmuj różnorodność, stawiaj czoła wyzwaniom z cierpliwością i szukaj mentoringu podczas budowania przyjaźni. Dzięki przewodnictwu i wysiłkom Allaha możesz nawiązać silne i satysfakcjonujące relacje, które wzbogacą Twoją podróż wiary i poczucie przynależności.

# Rozdział 13: Radzenie sobie z przyjaciółmi niebędącymi muzułmanami

Utrzymywanie przyjaźni z przyjaciółmi niebędącymi muzułmanami przy jednoczesnym przestrzeganiu zasad islamskich wymaga zrównoważenia szacunku dla wiary z wartością długotrwałych relacji. Wymaga to przemyślanego rozważenia, otwartej komunikacji i zaangażowania zarówno w swoje przekonania, jak i dobro przyjaźni. Ten rozdział zawiera wskazówki, jak poruszać się w tych relacjach w sposób, który honoruje twoją wiarę i podtrzymuje znaczące połączenia.

**Zrozumienie granic i szacunku:** Zacznij od jasnego zrozumienia granic, których wymaga twoja wiara i jak wpływają one na twoje interakcje z przyjaciółmi niebędącymi muzułmanami. Nauki islamskie podkreślają, że należy zachować wiarę, jednocześnie zachowując szacunek wobec innych. Ważne jest, aby w swoim zachowaniu i interakcjach pamiętać o zasadach islamu, takich jak unikanie działań lub rozmów, które są sprzeczne z twoimi przekonaniami. Komunikuj te granice swoim przyjaciołom w delikatny i pełen szacunku sposób, upewniając się, że rozumieją twoją perspektywę, nie czując się osądzanymi lub wyobcowanymi.

**Otwarta komunikacja:** Szczera i pełna szacunku komunikacja jest niezbędna w zarządzaniu relacjami z przyjaciółmi niebędącymi muzułmanami. Podziel się z nimi swoją wiarą w sposób pouczający i przystępny. Wyjaśnij, dlaczego pewne praktyki lub działania są dla Ciebie ważne i w jaki sposób są zgodne z Twoimi wartościami. Pomaga to w budowaniu wzajemnego zrozumienia i szacunku, pozwalając Twoim przyjaciołom docenić Twoją perspektywę i dostosować się do Twoich potrzeb.

**Równoważenie aktywności społecznych:** Uczestnicząc w aktywnościach społecznych z przyjaciółmi niebędącymi muzułmanami, staraj się zrównoważyć wymagania swojej wiary z utrzymaniem przyjaźni. Na przykład, jeśli wydarzenie obejmuje działania, które nie są zgodne z naukami islamu, rozważ zaproponowanie alternatywnych działań, które są zgodne zarówno z Twoimi przekonaniami, jak i zainteresowaniami Twoich przyjaciół. Angażowanie się w sposób inkluzywny i pełen szacunku pomaga zachować relację, jednocześnie szanując Twoją wiarę.

**Bycie wzorem do naśladowania:** Twoje działania i zachowanie mogą służyć jako silne odzwierciedlenie Twojej wiary. Staraj się być pozytywnym wzorem do naśladowania, ucieleśniając islamskie wartości, takie jak życzliwość, uczciwość i integralność. Twoje zachowanie może inspirować ciekawość i szacunek, potencjalnie prowadząc do głębszych dyskusji na temat islamu i sprzyjając bardziej pełnemu szacunku zrozumieniu Twojej wiary wśród Twoich przyjaciół.

**Poruszaj wrażliwe tematy:** Podchodź do wrażliwych tematów związanych z religią ostrożnie i taktownie. Jeśli pojawią się dyskusje na temat wiary lub kontrowersyjnych kwestii, angażuj się w te rozmowy z cierpliwością i szacunkiem. Unikaj konfrontacyjnych lub defensywnych postaw i skup się na dzieleniu się swoją perspektywą w sposób konstruktywny i pełen zrozumienia. Podchodząc do wrażliwych tematów w sposób przemyślany, możesz rozwiązać nieporozumienia i budować mosty zrozumienia.

**Poruszanie się po zaproszeniach i uroczystościach:** Kiedy zostaniesz zaproszony na wydarzenia lub uroczystości, które mogą być sprzeczne z zasadami islamu, podejdź do sytuacji dyplomatycznie. Uprzejmie odrzucaj zaproszenia, które obejmują działania niedozwolone w islamie, ale wyraź wdzięczność za zaproszenie i zainteresowanie utrzymaniem relacji. Zaproponuj udział w alternatywnych sposobach, takich jak uczestnictwo w świeckich częściach wydarzenia lub organizowanie spotkań, które są zgodne zarówno z Twoimi wartościami, jak i preferencjami Twoich znajomych.

**Oferowanie wsparcia i zrozumienia:** Bądź wspierający i wyrozumiały wobec przekonań i praktyk swoich niemuzułmańskich przyjaciół. Szanuj ich tradycje wiary i okazuj zainteresowanie ich perspektywami. Wykazując prawdziwy szacunek i wsparcie dla ich przekonań, zachęcasz do wzajemnego zrozumienia i pielęgnujesz pozytywną i pełną szacunku przyjaźń.

**Zachowanie osobistej integralności:** Pozostań wierny swoim islamskim wartościom i zasadom we wszystkich interakcjach. Podczas gdy ważne jest, aby szanować i dostosowywać się do przyjaciół, upewnij się, że nie idziesz na kompromis ze swoimi przekonaniami ani nie angażujesz się w działania, które są sprzeczne z twoją wiarą. Zachowanie osobistej integralności wzmacnia twoją relację z Allahem i pomaga ci pewnie poruszać się w przyjaźniach.

**Szukanie wskazówek:** Skonsultuj się z doświadczonymi uczonymi lub mentorami, jeśli masz problemy z zarządzaniem relacjami z przyjaciółmi niebędącymi muzułmanami. Ich spostrzeżenia mogą zapewnić cenne wskazówki, jak zrównoważyć wiarę z interakcjami społecznymi i pomóc Ci rozwiązać konkretne problemy, które się pojawią.

**Tworzenie Dua:** Ciągle szukaj wskazówek od Allaha, aby utrzymać swoje przyjaźnie, jednocześnie przestrzegając zasad islamskich. Odmawiaj Dua o mądrość, cierpliwość i siłę w zarządzaniu tymi relacjami. Ufaj wsparciu i wskazówkom Allaha, gdy poruszasz się po zawiłościach równoważenia swojej wiary z interakcjami społecznymi.

Podsumowując, radzenie sobie z przyjaciółmi niebędącymi muzułmanami wiąże się z równoważeniem szacunku dla wiary z wartością utrzymywania znaczących relacji. Rozumiejąc swoje granice, komunikując się otwarcie i będąc pozytywnym wzorem do naśladowania, możesz poruszać się w tych przyjaźniach, jednocześnie podtrzymując zasady islamskie. Podchodź do delikatnych tematów ostrożnie, oferuj wsparcie i zrozumienie oraz szukaj wskazówek u

Allaha, aby skutecznie zarządzać swoimi relacjami. Poprzez przemyślaną interakcję i szczere zaangażowanie w swoje wartości możesz pielęgnować pełne szacunku i wsparcia przyjaźnie, które wzbogacą twoje życie i podróż wiary.

# Rozdział 14: Halal i Haram w życiu codziennym

Zrozumienie i stosowanie pojęć halal (dozwolone) i haram (zabronione) w życiu codziennym jest kluczowe dla życia zgodnego z naukami islamu. Zasady te kierują różnymi aspektami życia muzułmanina, od wyborów żywieniowych po transakcje finansowe i interakcje społeczne. Ten rozdział bada, jak poruszać się po tych pojęciach w codziennych czynnościach, zapewniając praktyczne wskazówki, jak zapewnić, że Twoje działania są zgodne z zasadami islamu.

**Zrozumienie halal i haram:** Halal odnosi się do tego, co jest dozwolone i zgodne z prawem islamskim, podczas gdy haram oznacza to, co jest zakazane. Klasyfikacje te pochodzą z Koranu, hadisów i orzeczeń uczonych islamskich. Ważne jest, aby zapoznać się z tymi wytycznymi, aby podejmować świadome decyzje w codziennym życiu. Halal obejmuje działania, żywność i zachowania zgodne z naukami islamu, podczas gdy haram obejmuje te, które są wyraźnie zakazane.

**Wybory dietetyczne:** Jednym z najbardziej widocznych aspektów halal i haram są ograniczenia dietetyczne. Produkty halal to te, które są dozwolone, podczas gdy produkty haram są zabronione. Na przykład mięso halal musi pochodzić od zwierzęcia, które zostało ubite zgodnie z wytycznymi islamskimi, a wieprzowina jest surowo zabroniona. Podczas zakupów lub jedzenia na mieście poszukaj certyfikatu halal lub zapytaj o metody przygotowywania żywności, aby upewnić się, że spełniają one standardy islamskie. Zrozumienie tych wytycznych pomaga podejmować świadome decyzje i przestrzegać swojej wiary.

**Transakcje finansowe:** Transakcje finansowe w islamie muszą być zgodne z zasadami uczciwości i przejrzystości. Transakcje finansowe halal obejmują unikanie odsetek (riba), oszustw i nieetycznych praktyk. Angażuj się w transakcje oparte na wzajemnej zgodzie, uczciwości i integralności. Unikaj inwestowania w przedsiębiorstwa lub produkty finansowe, które obejmują działania haram, takie jak hazard lub alkohol. Zrozumienie i stosowanie tych zasad w decyzjach finansowych zapewnia, że Twoja działalność gospodarcza jest zgodna z wartościami islamskimi.

**Interakcje społeczne i zachowanie:** Nauki islamskie udzielają wskazówek, jak zachowywać się w interakcjach społecznych. Zachowanie halal obejmuje zachowanie uczciwości, szacunku i życzliwości w relacjach z innymi. Unikanie plotek, obmów i niegrzecznego zachowania jest zgodne z zasadami islamu. Angażuj się w interakcje, które promują pozytywne wartości i przyczyniają się do harmonijnego i pełnego szacunku środowiska. Zrozumienie, co jest uważane za halal, a co haram w zachowaniu społecznym, pomaga zachować dobry charakter i budować silne, etyczne relacje.

**Higiena osobista i pielęgnacja:** Praktyki higieny osobistej i pielęgnacji są również zgodne z zasadami islamu. Praktyki halal w pielęgnacji osobistej obejmują stosowanie produktów i metod, które są czyste i dozwolone. Na przykład upewnij się, że kosmetyki i przybory toaletowe nie zawierają składników haram, takich jak alkohol lub substancje pochodzenia zwierzęcego, które nie zostały poddane ubojowi zgodnie z prawem islamskim. Zachowanie czystości i stosowanie dozwolonych produktów odzwierciedla przestrzeganie wytycznych islamskich i przyczynia się do osobistego dobrego samopoczucia.

**Rozrywka i wypoczynek:** Islam zachęca do umiarkowania w rozrywce i zajęciach rekreacyjnych. Rozrywka halal obejmuje zajęcia, które nie są sprzeczne z wartościami islamskimi, takie jak wydarzenia przyjazne rodzinie, zajęcia edukacyjne i zajęcia rekreacyjne promujące pozytywny rozwój. Unikaj angażowania się w rozrywkę, która zawiera elementy haram, takie jak treści o charakterze dosłownym, nadmierna przemoc lub zajęcia promujące niemoralne zachowanie. Znalezienie równowagi między przyjemnymi zajęciami a przestrzeganiem zasad islamu zapewnia, że Twój czas wolny jest zarówno satysfakcjonujący, jak i pełen szacunku dla Twojej wiary.

**Etyczna konsumpcja:** Dokonuj etycznych wyborów w swoich wzorcach konsumpcji, wybierając produkty i usługi zgodne z zasadami islamu. Obejmuje to wspieranie firm, które przestrzegają etycznych praktyk, unikanie produktów, które przyczyniają się do szkód lub eksploatacji, oraz wybieranie przedmiotów przyjaznych dla środowiska. Uważność na swoje nawyki konsumpcyjne odzwierciedla zaangażowanie w etyczne i odpowiedzialne życie.

**Poruszanie się w niejasnościach:** W niektórych sytuacjach możesz napotkać niepewność co do tego, czy dana aktywność lub produkt jest halal czy haram. W obliczu takich niejasności poszukaj wskazówek u doświadczonych uczonych lub autorytetów islamskich. Konsultacja z zaufanym źródłem może zapewnić jasność i pomóc w podejmowaniu świadomych decyzji. Ponadto poleganie na zasadach islamskich i poszukiwanie wiedzy poprzez naukę i refleksję może pomóc w poruszaniu się w złożonych sytuacjach.

**Odmawiaj Dua o wskazówki:** Szukaj wskazówek Allaha, aby upewnić się, że twoje codzienne działania i wybory są zgodne z zasadami halal. Odmawiaj Dua o mądrość i jasność w rozumieniu i stosowaniu nauk islamskich w swoim życiu. Ufaj, że Allah zapewni ci wiedzę i wsparcie potrzebne do życia zgodnie z twoją wiarą.

Podsumowując, stosowanie koncepcji halal i haram w życiu codziennym wiąże się ze zrozumieniem i przestrzeganiem zasad islamskich w różnych aspektach życia, w tym wyborów dietetycznych, transakcji finansowych, zachowań społecznych, higieny osobistej, rozrywki i konsumpcji. Podejmując świadome decyzje i szukając wskazówek u kompetentnych źródeł, możesz upewnić się, że Twoje działania są zgodne z wartościami islamskimi i przyczyniają się do życia pełnego uczciwości i wierności.

# Rozdział 15: Post i jego duchowe korzyści

Post, czyli Sawm, jest jednym z pięciu filarów islamu i ma głębokie znaczenie duchowe w życiu muzułmanina. Przestrzeganie postu w miesiącu Ramadan nie jest po prostu powstrzymywaniem się od jedzenia i picia; jest to głęboka praktyka duchowa, która pielęgnuje duszę, wzmacnia więź z Allahem i sprzyja większemu poczuciu empatii i samodyscypliny. Ten rozdział bada duchowe korzyści postu i to, jak wzmacnia on wiarę i charakter.

Post w czasie Ramadanu jest aktem czci, który zbliża muzułmanina do Allaha. Praktyka postu wymaga od wierzących powstrzymania się od jedzenia, picia i innych potrzeb fizycznych od świtu do zachodu słońca. To fizyczne pozbawienie służy jako środek skupienia serca i umysłu na rozwoju duchowym. Poprzez tymczasowe wyrzeczenie się ziemskich przyjemności i pragnień, post pozwala jednostkom skupić się na ich relacji z Allahem, wzmacniając ich wiarę i oddanie.

Jedną z głównych duchowych korzyści postu jest kultywowanie samodyscypliny i kontroli. Powstrzymywanie się od jedzenia i picia, a także od negatywnych zachowań, takich jak kłótnie i plotkowanie, stanowi wyzwanie dla jednostek, aby ćwiczyć powściągliwość i samokontrolę. Ta dyscyplina wykracza poza fizyczny akt postu, wpływając na osobiste nawyki i zachowania. Post zachęca muzułmanów do rozwijania cierpliwości, odporności i zwiększonej świadomości swoich działań, promując bardziej uważne i zdyscyplinowane podejście do codziennego życia.

Post wzmacnia również empatię i współczucie. Doświadczanie głodu i pragnienia pozwala jednostkom rozwinąć głębsze zrozumienie zmagań, z którymi borykają się osoby mniej szczęśliwe. To wspólne doświadczenie deprywacji wzbudza poczucie wdzięczności za błogosławieństwa, które się ma, i większe docenianie wygody i łatwości codziennego życia. Odczuwając dyskomfort, którego wielu doświadcza regularnie, muzułmanie są bardziej skłonni odczuwać współczucie i być zmotywowani do pomagania potrzebującym, angażując się w akty dobroczynności i służby.

Akt postu daje okazję do duchowej refleksji i rozwoju. Ramadan to czas, w którym muzułmanie angażują się w wzmożone oddawanie czci, takie jak czytanie Koranu, wykonywanie dodatkowych modlitw i składanie błagań. Większe skupienie się na duchowych aktywnościach w tym miesiącu pozwala jednostkom pogłębić zrozumienie nauk islamskich i szukać przebaczenia i oczyszczenia. Ten okres refleksji zachęca do samooceny, pokuty i odnowionego zaangażowania w życie zgodnie z wartościami islamskimi.

Post w czasie Ramadanu wzmacnia również poczucie wspólnoty i solidarności wśród muzułmanów. Wspólne doświadczenie postu tworzy więź między jednostkami i wzmacnia zbiorową tożsamość muzułmańskiej Ummy. Wspólne modlitwy, wspólne posiłki iftar i akty dobroczynności wzmacniają relacje w społeczności i promują poczucie jedności i wzajemnego wsparcia. Ten wspólnotowy aspekt postu podkreśla znaczenie jedności i współpracy w duchowym rozwoju i kulcie.

Duchowe korzyści postu obejmują dobre samopoczucie psychiczne i emocjonalne. Praktyka postu promuje poczucie spokoju i zadowolenia, zapewniając ustrukturyzowany czas na refleksję i modlitwę. Dyscyplina wymagana do powstrzymania się od potrzeb fizycznych pozwala jednostkom uzyskać jaśniejszą perspektywę swoich priorytetów i celów. To odnowione skupienie się na rozwoju duchowym i osobistym często prowadzi do zwiększonej odporności emocjonalnej i bardziej zrównoważonego podejścia do wyzwań życiowych.

Post służy również jako środek poszukiwania bliskości z Allahem poprzez akty czci i oddania. Angażowanie się w dodatkowe akty czci, takie jak recytowanie wersetów Koranu, odmawianie Dua i angażowanie się w akty dobroczynności, wzmacnia duchowe doświadczenie Ramadanu. Te akty nie tylko zbliżają jednostki do Allaha, ale także wzmacniają ich poczucie celu i oddanie ich wierze.

Ponadto post w czasie Ramadanu przypomina o przemijającej naturze ziemskich przyjemności i o tym, jak ważne jest priorytetowe traktowanie rozwoju duchowego. Powstrzymując się od wygód fizycznych, ludzie przypominają sobie o większym celu życia i znaczeniu skupiania się na życiu pozagrobowym. Ta perspektywa pomaga zmienić priorytety z trosk materialnych na aspiracje duchowe, co sprzyja głębszej więzi z Allahem i większemu poczuciu spełnienia.

Koniec Ramadanu przynosi obchody Eid al-Fitr, radosnej okazji oznaczającej zakończenie okresu postu. To święto odzwierciedla duchową podróż podjętą w ciągu miesiąca i odnowienie czyjejś wiary. Wdzięczność i radość doświadczane podczas Eid służą jako świadectwo przemieniającej mocy postu i duchowego wzrostu osiągniętego w trakcie Ramadanu.

Podsumowując, post w czasie Ramadanu zapewnia liczne korzyści duchowe wykraczające poza fizyczny akt powstrzymywania się od jedzenia i picia. Wspiera samodyscyplinę, empatię i współczucie, jednocześnie wzmacniając relację z Allahem i promując duchową refleksję i rozwój. Wspólnotowe aspekty postu i skupienie się na czci i oddaniu przyczyniają się do poczucia jedności i celu. Poprzez przyjęcie duchowych wymiarów postu muzułmanie mogą doświadczyć głębokiej osobistej transformacji i odnowionego zaangażowania w swoją wiarę.

# Rozdział 16: Zakat i jałmużna

Zakat i dobroczynność są podstawowymi aspektami islamskiej etyki finansowej, głęboko zakorzenionymi w wierze i praktyce muzułmanów. Zakat, jeden z pięciu filarów islamu, jest obowiązkową formą jałmużny, mającą na celu oczyszczenie bogactwa i zapewnienie potrzebującym. Dobroczynność, czyli Sadaqah, wykracza poza obowiązkowy Zakat i reprezentuje dobrowolne akty dawania w celu wspierania innych i promowania dobrobytu społeczności. Ten rozdział zagłębia się w znaczenie, wdrażanie i wpływ Zakat i dobroczynności w życiu muzułmanina.

**Zrozumienie Zakat:** Zakat to obowiązkowy akt dawania, obliczany jako stały procent czyjegoś majątku, zazwyczaj 2,5%, tym, którzy potrzebują. Jest uważany za obowiązek, a nie dobrowolny akt dobroci. Głównym celem Zakat jest oczyszczenie czyjegoś bogactwa i duszy, redystrybucja bogactwa w celu zmniejszenia nierówności ekonomicznych i zapewnienie, że podstawowe potrzeby osób mniej szczęśliwych zostaną zaspokojone. Jest on nakazany przez Allaha w Koranie i hadisach i jest integralną częścią społecznych i ekonomicznych ram islamu.

**Uprawnienia i odbiorcy Zakat:** Zakat jest przyznawany określonym kategoriom odbiorców, znanym jako „osiem kategorii" wymienionych w Koranie. Należą do nich biedni, potrzebujący, ci, którzy zarządzają Zakat, ci, których serca mają zostać pojednane, niewolnicy lub jeńcy szukający wolności, zadłużeni, ci, którzy dążą do ścieżki Allaha i podróżni w potrzebie. Zapewnienie, że Zakat dotrze do odpowiednich odbiorców, jest kluczowe dla wypełnienia jego celu i utrzymania jego znaczenia w islamskiej sprawiedliwości społecznej.

**Obliczanie Zakat:** Aby właściwie wypełnić obowiązek Zakat, muzułmanie muszą dokładnie obliczyć swój majątek i aktywa. Obejmuje to ocenę oszczędności, inwestycji i innych form posiadania środków finansowych po odliczeniu wszelkich długów i zobowiązań.

Obliczenia powinny być wykonywane corocznie, zazwyczaj w czasie Ramadanu, czasu wzmożonej refleksji i czci. Zapewnienie precyzji w obliczeniach i przestrzeganie islamskich wytycznych jest niezbędne dla ważności Zakat.

**Korzyści duchowe Zakat:** Poza wpływem społecznym Zakat ma głębokie znaczenie duchowe. Służy jako środek oczyszczania bogactwa i duszy, promuje pokorę i wzmacnia wartości hojności i współczucia. Dając Zakat, jednostki uznają, że ich bogactwo jest zaufaniem od Allaha i że mają obowiązek dzielić się swoimi błogosławieństwami z potrzebującymi. Ten akt dawania wzmacnia poczucie wdzięczności i wzmacnia więź między dającym a Allahem.

**Dobroczynność (Sadaqah):** W przeciwieństwie do Zakat, Sadaqah jest dobrowolnym aktem dawania, który wykracza poza obowiązkową jałmużnę. Sadaqah można dawać w dowolnej kwocie i o każdej porze, a także może przybierać różne formy, w tym darowizny finansowe, akty dobroci, a nawet uśmiech. Sadaqah jest bardzo mile widziana w islamie i służy jako środek wspierania potrzebujących, wzmacniania więzi społecznych i zdobywania duchowych nagród.

**Szerszy wpływ działalności charytatywnej:** Działalność charytatywna, czy to w formie Sadaqah, czy Zakat, odgrywa kluczową rolę w rozwiązywaniu nierówności społecznych i poprawie życia jednostek i społeczności. Pomaga łagodzić ubóstwo, zapewnia dostęp do edukacji i opieki zdrowotnej oraz wspiera różne działania humanitarne. Wpływ działalności charytatywnej wykracza poza natychmiastową pomoc, przyczyniając się do długoterminowego rozwoju społecznego i gospodarczego.

**Integrowanie działalności charytatywnej z codziennym życiem:** Włączenie działalności charytatywnej do codziennego życia polega na uczynieniu jej regularną praktyką, a nie sporadycznym działaniem. Może to obejmować odkładanie części dochodu na Sadaqah, poświęcanie czasu i umiejętności na służbę społeczną lub angażowanie się w akty dobroczynności i wsparcia. Uczynienie działalności charytatywnej nawykową częścią życia pozwala jednostkom na ciągły wkład w dobrostan innych i pielęgnowanie kultury dawania i współczucia.

**Zachęcanie do kultury dawania:** Kultywowanie kultury dawania w rodzinach, społecznościach i instytucjach pomaga wzmocnić wartości Zakat i dobroczynności. Edukowanie dzieci o znaczeniu jałmużny, organizowanie społecznościowych wydarzeń charytatywnych i wspieranie organizacji charytatywnych to sposoby na promowanie zbiorowego zaangażowania na rzecz sprawiedliwości społecznej i filantropii. Zachęcanie innych do angażowania się w działalność charytatywną wzmacnia więzi społeczne i wzmacnia wpływ zbiorowych wysiłków.

**Wyzwania i rozważania:** Dawanie Zakat i działalności charytatywnej wiąże się z wyzwaniami, takimi jak zapewnienie efektywnego wykorzystania środków, unikanie oszustw i zaspokajanie potrzeb różnych społeczności. Ważne jest, aby badać i wspierać renomowane organizacje i inicjatywy, które są zgodne z wartościami islamskimi i skutecznie zaspokajają potrzeby odbiorców. Ponadto zachowanie przejrzystości i rozliczalności w działalności charytatywnej pomaga budować zaufanie i zapewnia właściwe wykorzystanie zasobów.

**Odmawianie Dua o wskazówki:** Poszukiwanie wskazówek i błogosławieństw Allaha w praktykowaniu Zakat i jałmużny jest niezbędne. Odmawiaj Dua o mądrość skutecznego dawania, szczerość intencji i zdolność do pomagania potrzebującym. Ufaj nagrodzie i wsparciu Allaha, wypełniając swoje obowiązki i przyczyniając się do dobrobytu innych.

Podsumowując, Zakat i jałmużna są integralną częścią praktyki islamskiej, oferując zarówno duchowe, jak i społeczne korzyści. Zakat, jako obowiązkowy akt jałmużny, oczyszcza bogactwo i rozwiązuje nierówności ekonomiczne, podczas gdy Sadaqah reprezentuje dobrowolne akty dobroci, które zwiększają dobrobyt społeczności.

Zrozumienie zasad Zakat i jałmużny, zintegrowanie ich z codziennym życiem i zajęcie się powiązanymi wyzwaniami przyczynia się do wypełniania zobowiązań islamskich i pielęgnowania kultury współczucia i hojności. Poprzez te akty muzułmanie mogą wzmocnić swoją więź z Allahem, wspierać potrzebujących i przyczyniać się do poprawy społeczeństwa.

# Rozdział 17: Pielgrzymka i Umrah

Hadżdż i Umrah to znaczące rytuały pielgrzymkowe w islamie, które mają głębokie znaczenie duchowe i religijne. Hadżdż, jeden z pięciu filarów islamu, to coroczna pielgrzymka do Mekki, którą każdy muzułmanin musi odbyć przynajmniej raz w życiu, jeśli jest w stanie. Umrah, choć nieobowiązkowa, jest wysoce zalecaną pielgrzymką, którą można odbyć o każdej porze roku. Ten rozdział bada rytuały, znaczenie i duchowe korzyści zarówno Hadżdżu, jak i Umrah, zapewniając kompleksowe zrozumienie tych świętych podróży.

**Znaczenie hadżdżu:** Hadżdż to głęboko transformująca pielgrzymka, która symbolizuje jedność i poddanie muzułmanów przed Allahem. Odbywa się corocznie w islamskim miesiącu Dhu al-Hijjah, a jej kulminacją jest świętowanie Eid al-Adha. Hadżdż obejmuje szereg rytuałów, w tym Tawaf (okrążenie Kaaby), Sa'i (spacer między Safa i Marwah), stanie na Arafat i rytualne ukamienowanie w Mina. Te akty upamiętniają czyny proroka Ibrahima (Abrahama) i jego rodziny, ucieleśniając poddanie, poświęcenie i oddanie.

**Korzyści duchowe pielgrzymki:** pielgrzymka oferuje liczne korzyści duchowe, w tym możliwość głębokiej autorefleksji, duchowego oczyszczenia i odnowienia wiary. Pielgrzymka służy jako potężne przypomnienie równości i jedności muzułmanów, ponieważ pielgrzymi z różnych środowisk spotykają się, aby wykonywać te same rytuały w duchu pokory i poddania. pielgrzymka jest również czasem szukania przebaczenia i składania próśb, z przekonaniem, że grzechy szczerego pielgrzyma są wybaczone i powracają, jakby byli nowo narodzeni.

**Przygotowanie do pielgrzymki hadżdż:** Przygotowanie do pielgrzymki hadżdż obejmuje zarówno praktyczne, jak i duchowe przygotowania. Praktycznie pielgrzymi muszą zorganizować podróż, uzyskać niezbędną dokumentację i przygotować swoje zasoby fizyczne i finansowe. Duchowo przygotowanie obejmuje zwiększanie wiedzy na temat rytuałów, szukanie przebaczenia za przeszłe grzechy i podejmowanie szczerych intencji. Pielgrzymi są zachęcani do wykonywania aktów kultu, takich jak post i wzmożona modlitwa, w miesiącach poprzedzających pielgrzymkę hadżdż, aby przygotować swoje serca i umysły.

**Rytuały Hadżdżu:** Rytuały Hadżdżu są wykonywane przez kilka dni i są głęboko zakorzenione w tradycji islamskiej. Kluczowe rytuały obejmują wejście w stan Ihram, święty stan czystości i intencji; wykonanie Tawaf, który obejmuje okrążenie Kaaby siedem razy; zaangażowanie się w Sa'i, spacer między wzgórzami Safa i Marwah; stanie w modlitwie na równinie Arafat; i wykonanie symbolicznego ukamienowania Jamarat w Mina. Każdy rytuał ma głębokie znaczenie duchowe, upamiętniając ofiary i wiarę Proroka Ibrahima i jego rodziny.

**Zrozumienie Umrah:** Umrah to pielgrzymka, którą można odbyć o każdej porze roku, w przeciwieństwie do Hadżdżu, który ma określone daty. Chociaż Umrah nie jest obowiązkowa, jest wysoce zalecana i ma wielką wartość duchową. Rytuały Umrah są podobne do rytuałów Hadżdżu, ale są mniej rozbudowane. Obejmują one wejście w Ihram, wykonanie Tawaf, Sai oraz golenie lub strzyżenie włosów. Uważa się, że wykonanie Umrah przynosi ogromne duchowe nagrody i może służyć jako środek poszukiwania bliskości z Allahem.

**Duchowe korzyści Umrah:** Umrah oferuje duchowe korzyści, takie jak oczyszczenie duszy, odnowienie wiary i szukanie przebaczenia Allaha. Akt wykonywania Umrah demonstruje oddanie i poddanie się Allahowi oraz daje okazję do osobistej refleksji i rozwoju. Służy jako środek do wzmocnienia relacji z Allahem i szukania Jego błogosławieństw i miłosierdzia.

**Przygotowanie do Umrah:** Przygotowanie do Umrah obejmuje podobne kroki jak w przypadku Hadżdż, w tym ustalenia logistyczne i przygotowanie duchowe. Pielgrzymi powinni zapoznać się z rytuałami i podjąć szczere intencje przed wyruszeniem w podróż. Upewnienie się, że wszystkie aspekty pielgrzymki są wykonywane z oddaniem i szczerością, wzmacnia duchowe doświadczenie Umrah.

**Wpływ pielgrzymek hadżdż i umrah na pielgrzyma:** Zarówno hadżdż, jak i umrah mają głęboki wpływ na duchowe, psychologiczne i społeczne samopoczucie pielgrzyma. Doświadczenie przebywania w świętych miastach Mekki i Medyny, uczestniczenie w rytuałach i angażowanie się w akty kultu wzmacnia głębokie poczucie duchowej więzi i wewnętrznego spokoju. Pielgrzymka wzmacnia również wartości pokory, wdzięczności i empatii, gdy pielgrzymi zastanawiają się nad swoim miejscem w większej muzułmańskiej ummie.

**Hadżdż i Umrah jako akty czci:** Zarówno Hadżdż, jak i Umrah są aktami czci, które ucieleśniają zasady poddania, poświęcenia i oddania. Służą jako przypomnienia o przemijającej naturze życia doczesnego i znaczeniu stawiania na pierwszym miejscu relacji z Allahem. Rytuały wykonywane podczas tych pielgrzymek odzwierciedlają głębokie duchowe znaczenie posłuszeństwa i czci w życiu muzułmanina.

**Refleksja po pielgrzymce:** Po ukończeniu hadżdżu lub umry pielgrzymi są zachęcani do refleksji nad swoimi doświadczeniami i starania się o wdrożenie wyciągniętych wniosków w codziennym życiu. Pielgrzymka służy jako duchowy reset, zachęcając jednostki do prowadzenia życia w prawości, pokorze i oddaniu. Podtrzymywanie duchowych spostrzeżeń zdobytych podczas pielgrzymki może przyczynić się do ciągłego rozwoju osobistego i głębszego zaangażowania w zasady islamskie.

Podsumowując, Hadżdż i Umrah to głębokie duchowe podróże, które mają głębokie znaczenie w islamie. Hadżdż, jako obowiązkowa pielgrzymka, stanowi kulminację poddania się i oddania, podczas gdy Umrah, jako dobrowolny akt, oferuje duchową odnowę i zasługi. Obie pielgrzymki dają okazję do głębokiej autorefleksji, oczyszczenia i wzmocnienia wiary. Przygotowanie się do tych pielgrzymek i ich odbycie ze szczerością i oddaniem wzmacnia ich duchowy wpływ i sprzyja głębszej więzi z Allahem.

# Rozdział 18: Radzenie sobie z izolacją i samotnością

Izolacja i samotność to powszechne wyzwania, z którymi mierzy się wiele osób, a dla nowych muzułmanek uczucia te mogą być nasilone przez przejście do nowej wiary i społeczności. Radzenie sobie z tymi emocjami wymaga zrozumienia ich przyczyn źródłowych, opracowania strategii radzenia sobie i poszukiwania wsparcia w ramach nauk islamskich. Ten rozdział bada sposoby radzenia sobie z izolacją i samotnością oraz ich przezwyciężania, podkreślając znaczenie podejść duchowych i praktycznych.

**Zrozumienie izolacji i samotności:** Izolacja odnosi się do stanu fizycznego oddzielenia od innych, podczas gdy samotność jest emocjonalnym doświadczeniem poczucia odłączenia, niezależnie od fizycznej bliskości. Nowe muzułmanki mogą doświadczać tych uczuć z powodu różnych czynników, takich jak brak znajomości nowej wspólnoty wiary, zmiany w dynamice społecznej lub osobiste dostosowanie się do nowych praktyk religijnych. Rozpoznanie tych emocji i zrozumienie ich źródeł jest pierwszym krokiem do skutecznego radzenia sobie z nimi.

**Przyjęcie duchowej więzi:** Islam podkreśla znaczenie utrzymywania silnej relacji z Allahem, która może zapewnić ukojenie i towarzystwo w czasach izolacji. Regularne modlitwy, czytanie Koranu i odmawianie Dua to sposoby na pogłębienie tej duchowej więzi i znalezienie pocieszenia. Świadomość obecności Allaha i Jego miłosierdzia może pomóc złagodzić uczucie samotności i zapewnić poczucie wewnętrznego spokoju i wsparcia.

**Budowanie sieci wsparcia:** Tworzenie sieci wsparcia w społeczności muzułmańskiej może znacznie złagodzić uczucie izolacji. Weź udział w lokalnych zajęciach meczetu, dołącz do grup studyjnych lub weź udział w wydarzeniach towarzyskich organizowanych przez społeczność. Nawiązywanie kontaktów z innymi muzułmanami, którzy mają podobne doświadczenia, może zapewnić wsparcie emocjonalne i towarzystwo. Budowanie relacji z innymi, którzy rozumieją wyzwania związane z dostosowaniem się do nowej wiary, może zapewnić poczucie przynależności i zmniejszyć uczucie samotności.

**Znajdowanie mentorów i wzorów do naśladowania:** Poszukaj wskazówek u doświadczonych muzułmanek, które mogą zaoferować wsparcie i porady. Mentorzy mogą zapewnić cenne spostrzeżenia na temat radzenia sobie z wyzwaniami nowych praktyk religijnych i integracji ze społecznością. Mogą również oferować praktyczne porady dotyczące radzenia sobie z izolacją i służyć jako źródło zachęty i inspiracji.

**Angażowanie się w służbę społeczną:** wolontariat i udział w służbie społecznej mogą pomóc złagodzić uczucie izolacji poprzez pielęgnowanie poczucia celu i więzi. Angażowanie się w działalność charytatywną lub wkład w projekty społeczne może stwarzać okazje do poznawania nowych ludzi, rozwijania znaczących relacji i pozytywnego wkładu w społeczność.

**Rozwijanie zainteresowań osobistych:** Rozwijanie zainteresowań osobistych i hobby może być konstruktywnym sposobem radzenia sobie z uczuciem samotności. Angażowanie się w czynności, które lubisz lub odkrywanie nowych zainteresowań może dać poczucie spełnienia i pomóc w przeniesieniu uwagi z izolacji. Niezależnie od tego, czy chodzi o naukę nowej umiejętności, podejmowanie kreatywnych przedsięwzięć, czy udział w zajęciach rekreacyjnych, znalezienie sposobów na pozostanie zaangażowanym może poprawić ogólne samopoczucie.

**Utrzymywanie zdrowego stylu życia:** Zdrowie fizyczne może znacząco wpłynąć na dobre samopoczucie emocjonalne. Upewnij się, że stosujesz zbilansowaną dietę, regularnie ćwiczysz i odpowiednio odpoczywasz. Zdrowie fizyczne jest ściśle powiązane ze zdrowiem psychicznym, a zdrowy styl życia może poprawić nastrój i zmniejszyć uczucie samotności. Włączenie praktyk samoopieki do swojej rutyny może pomóc Ci poczuć się bardziej uziemionym i połączonym.

**Szukanie profesjonalnej pomocy:** Jeśli uczucia izolacji i samotności staną się przytłaczające, rozważ zwrócenie się o pomoc do specjalistów zdrowia psychicznego. Doradcy lub terapeuci mogą zapewnić strategie i narzędzia do radzenia sobie z tymi emocjami i zapewnić bezpieczną przestrzeń do dyskusji i pracy nad osobistymi wyzwaniami. Profesjonalne wsparcie może uzupełniać duchowe i społecznościowe podejścia do radzenia sobie z samotnością.

**Praktykowanie wdzięczności i refleksji:** Regularne praktykowanie wdzięczności i refleksji może zmienić skupienie z uczucia samotności na docenianie błogosławieństw w twoim życiu. Prowadzenie dziennika wdzięczności, rozmyślanie o pozytywnych doświadczeniach i docenianie małych radości w życiu codziennym może sprzyjać bardziej pozytywnemu nastawieniu i zmniejszać poczucie izolacji.

**Utrzymywanie kontaktów społecznych:** Nawet jeśli fizyczna bliskość jest ograniczona, utrzymywanie kontaktów społecznych za pomocą środków cyfrowych może pomóc w przezwyciężeniu tej luki. Używaj technologii, aby pozostać w kontakcie z rodziną i przyjaciółmi, uczestniczyć w grupach społecznościowych online i angażować się w wydarzenia wirtualne. Pozostawanie w kontakcie za pomocą kanałów cyfrowych może pomóc w utrzymaniu relacji i zmniejszeniu poczucia izolacji.

**Zwrócenie się ku naukom islamu:** Islam dostarcza licznych nauk na temat radzenia sobie z samotnością i szukania pocieszenia w czasach udręki. Prorok Muhammad (niech pokój będzie z nim) i Koran oferują wskazówki dotyczące cierpliwości, polegania na Allahu i szukania pocieszenia poprzez oddawanie czci. Rozważenie tych nauk i zastosowanie ich w swojej sytuacji może zapewnić duchowe wsparcie i poczucie więzi.

**Ustalanie realistycznych oczekiwań:** Przystosowanie się do nowej wiary i społeczności wymaga procesu adaptacji i cierpliwości. Ustal realistyczne oczekiwania wobec siebie i zrozum, że budowanie więzi i przezwyciężanie uczucia samotności wymaga czasu. Bądź dla siebie dobry i doceniaj postępy, jakie robisz po drodze.

Podsumowując, radzenie sobie z izolacją i samotnością wymaga wieloaspektowego podejścia, które obejmuje praktyki duchowe, budowanie więzi społecznych, realizację osobistych zainteresowań i poszukiwanie profesjonalnego wsparcia, jeśli jest to potrzebne. Poprzez przyjęcie nauk islamskich, angażowanie się w społeczność i utrzymywanie zdrowego stylu życia, nowe muzułmanki mogą stawić czoła tym wyzwaniom i znaleźć poczucie przynależności i spełnienia. Podróż przezwyciężania izolacji i samotności jest ciągła, ale z cierpliwością, wsparciem i wiarą możliwe jest znalezienie spokoju i połączenia.

# Rozdział 19: Radzenie sobie ze stresem i lękiem jako nowy muzułmanin

Przejście do nowej wiary i stylu życia może być zarówno ekscytujące, jak i przytłaczające, często prowadząc do stresu i niepokoju. Jako nowy muzułmanin, skuteczne radzenie sobie z tymi uczuciami jest kluczowe dla utrzymania dobrego samopoczucia emocjonalnego i wspierania pozytywnej duchowej podróży. Ten rozdział bada strategie radzenia sobie ze stresem i niepokojem, włączając zarówno nauki islamskie, jak i praktyczne podejścia, aby pomóc nowym muzułmanom poruszać się po nowej ścieżce z odpornością i spokojem.

**Zrozumienie stresu i lęku:** Stres i lęk to naturalne reakcje na wyzwania i zmiany w życiu. U nowych muzułmanów uczucia te mogą być wywoływane przez różne czynniki, takie jak dostosowanie się do nowych praktyk religijnych, integracja z nową społecznością lub równoważenie wiary z istniejącymi obowiązkami osobistymi i zawodowymi. Rozpoznanie tych emocji i zrozumienie ich źródeł to pierwszy krok w konstruktywnym podejściu do nich.

**Praktyki duchowe w radzeniu sobie ze stresem:** Islam oferuje kilka praktyk duchowych, które mogą pomóc złagodzić stres i niepokój. Regularna modlitwa (Salah) zapewnia ustrukturyzowany czas na refleksję i połączenie z Allahem, oferując poczucie spokoju i pewności. Zaangażowanie w Dhikr (wspominanie Allaha) i recytowanie wersetów Koranu może również zapewnić komfort i zmniejszyć niepokój. Praktyka składania Dua (błagania) pozwala jednostkom wyrazić swoje obawy i szukać wsparcia i wskazówek Allaha w trudnych chwilach.

**Rozwijanie silnej sieci wsparcia:** Budowanie wspierającej sieci w społeczności muzułmańskiej może pomóc w radzeniu sobie z uczuciem stresu i lęku. Nawiązywanie kontaktów z innymi muzułmanami, którzy rozumieją twoje doświadczenia i wyzwania, może zapewnić wsparcie emocjonalne i praktyczne porady. Udział w wydarzeniach społecznościowych, dołączanie do grup studyjnych i angażowanie się w działania społeczne może stworzyć poczucie przynależności i zmniejszyć poczucie izolacji.

**Poszukiwanie wiedzy i wskazówek:** Zdobycie głębszego zrozumienia nauk i praktyk islamskich może złagodzić niepokój związany z praktykami religijnymi. Poznanie zasad islamu, znaczenia różnych rytuałów i nauk Proroka Mahometa (niech pokój będzie z nim) może zapewnić jasność i pewność siebie. Poszukiwanie wskazówek od doświadczonych mentorów lub uczonych islamskich może pomóc w rozwiązaniu konkretnych problemów i zapewnić pewność.

**Praktykowanie samoopieki i uważności:** Włączenie praktyk samoopieki i uważności do codziennych czynności może pomóc w radzeniu sobie ze stresem i lękiem. Aktywności takie jak medytacja, ćwiczenia głębokiego oddychania i techniki relaksacyjne mogą promować dobre samopoczucie psychiczne i emocjonalne. Ponadto utrzymanie zdrowego stylu życia poprzez zrównoważone odżywianie, regularne ćwiczenia i odpowiednią ilość snu wspiera ogólną odporność i zmniejsza poziom stresu.

**Wyznaczanie realistycznych celów i oczekiwań:** Przystosowanie się do nowej wiary i stylu życia wymaga nauki, a wyznaczanie realistycznych celów może pomóc w radzeniu sobie ze stresem. Unikaj przytłaczania się presją natychmiastowego opanowania wszystkich aspektów nowej wiary. Zamiast tego skup się na stopniowym postępie, wyznaczaniu osiągalnych kamieni milowych i świętowaniu małych sukcesów. Takie podejście pomaga budować pewność siebie i zmniejsza poczucie nieadekwatności lub frustracji.

**Znalezienie równowagi i zarządzanie obowiązkami:** Zrównoważenie obowiązków religijnych z obowiązkami osobistymi i zawodowymi może być trudne. Ustalenie ustrukturyzowanej rutyny, która obejmuje czas na modlitwę, oddawanie czci Bogu, pracę i zajęcia osobiste, może pomóc w radzeniu sobie ze stresem i utrzymaniu poczucia porządku. Ustalanie priorytetów zadań, delegowanie obowiązków, gdy jest to możliwe, i wyznaczanie granic są niezbędne do zarządzania obciążeniem pracą i redukcji stresu.

**Szukanie profesjonalnej pomocy:** Jeśli stres i lęk staną się przytłaczające lub uporczywe, szukanie wsparcia u specjalistów od zdrowia psychicznego może być korzystne. Terapeuci lub doradcy mogą zapewnić strategie i narzędzia do radzenia sobie z lękiem oraz zapewnić bezpieczną przestrzeń do omawiania osobistych wyzwań. Profesjonalne wsparcie uzupełnia praktyki duchowe i wsparcie społeczności w rozwiązywaniu problemów ze zdrowiem psychicznym.

**Stosowanie islamskich nauk o cierpliwości i zaufaniu:** Islam naucza o znaczeniu cierpliwości (Sabr) i zaufania (Tawakkul) w planie Allaha. Rozważanie tych nauk może zapewnić komfort i perspektywę w stresujących czasach. Zrozumienie, że próby są częścią życia i zaufanie mądrości Allaha może pomóc przenieść uwagę z bieżących zmartwień na szerszą, bardziej pełną nadziei perspektywę.

**Angażowanie się w pozytywne działania:** Angażowanie się w działania, które przynoszą radość i spełnienie, może pomóc w radzeniu sobie ze stresem i poprawić samopoczucie emocjonalne. Zajmuj się hobby, spędzaj czas z bliskimi i bierz udział w działaniach zgodnych z Twoimi zainteresowaniami i wartościami. Pozytywne doświadczenia i interakcje mogą przynieść ulgę w stresie i przyczynić się do bardziej zrównoważonego i satysfakcjonującego życia.

**Tworzenie osobistego planu wsparcia:** Opracuj osobisty plan wsparcia, który obejmuje strategie i zasoby do radzenia sobie ze stresem i lękiem. Określ czynności, które pomagają Ci się zrelaksować, skontaktuj się ze wspierającymi osobami lub grupami i ustal rutyny promujące dobre samopoczucie. Posiadanie planu może zapewnić poczucie kontroli i gotowości w obliczu trudnych sytuacji.

Podsumowując, radzenie sobie ze stresem i lękiem jako nowy muzułmanin obejmuje połączenie praktyk duchowych, wsparcia społeczności, dbania o siebie i praktycznych strategii. Przyjęcie nauk islamskich, poszukiwanie wiedzy i utrzymanie zrównoważonego stylu życia może pomóc złagodzić uczucie stresu i lęku. Poprzez wyznaczanie realistycznych celów, szukanie profesjonalnej pomocy w razie potrzeby i angażowanie się w pozytywne działania, nowi muzułmanie mogą poruszać się po swojej podróży z odpornością i spokojem. Proces radzenia sobie ze stresem i lękiem jest ciągły, ale dzięki cierpliwości, wsparciu i wierze możliwe jest kultywowanie poczucia spokoju i dobrego samopoczucia.

# Rozdział 20: Przezwyciężanie nieporozumień kulturowych i religijnych

Nieporozumienia kulturowe i religijne mogą znacząco wpłynąć na doświadczenia nowych muzułmanek, często tworząc bariery dla zrozumienia i akceptacji. Te nieporozumienia mogą wynikać z nieporozumień dotyczących wierzeń i praktyk islamskich, a także z różnic kulturowych. Przezwyciężenie tych nieporozumień wymaga edukacji, dialogu i otwartego podejścia. W tym rozdziale omówiono strategie radzenia sobie z nieporozumieniami kulturowymi i religijnymi oraz ich przezwyciężania, zarówno w sobie, jak i w interakcjach z innymi.

**Zrozumienie błędnych przekonań:** Błędne przekonania na temat islamu i praktyk muzułmańskich często wynikają z braku dokładnych informacji i ekspozycji. Te błędne przekonania mogą obejmować stereotypy dotyczące praktyk islamskich, nieporozumienia dotyczące obowiązków religijnych i zamieszanie dotyczące tradycji kulturowych i religijnych. Zrozumienie przyczyn źródłowych tych błędnych przekonań jest kluczowe dla skutecznego radzenia sobie z nimi.

**Edukacja siebie i innych:** Jednym z najskuteczniejszych sposobów na przezwyciężenie nieporozumień jest edukacja. Jako nowy muzułmanin, inwestowanie czasu w naukę o naukach islamu, historii i praktykach kulturowych może zapewnić jasność i pewność siebie. Zrozumienie podstawowych zasad islamu, takich jak Pięć Filarów, nauki Proroka Mahometa (niech pokój będzie z nim) i znaczenie Koranu, wyposaża cię w umiejętność dokładnego rozwiązywania nieporozumień.

**Angażowanie się w otwarty dialog:** Otwarty i pełen szacunku dialog jest kluczem do rozwiania nieporozumień. Angażuj się w rozmowy z przyjaciółmi, rodziną i współpracownikami na temat islamu i jego praktyk. Podziel się swoimi doświadczeniami i wyjaśnij aspekty islamu, które mogą być źle zrozumiane. Podchodź do tych rozmów z cierpliwością i empatią, uznając, że zmiana głęboko zakorzenionych przekonań wymaga czasu.

**Rozprawianie się ze stereotypami i nieporozumieniami:** Stereotypy dotyczące muzułmanek, takie jak błędne wyobrażenia o skromności, hidżabie i rolach w rodzinie, mogą być szczególnie trudne. Ważne jest, aby bezpośrednio zająć się tymi stereotypami i podać kontekst. Na przykład wyjaśnienie różnorodnych praktyk kulturowych w świecie muzułmańskim i osobistego wyboru noszenia hidżabu może pomóc rozwiać mity i promować bardziej zniuansowane zrozumienie.

**Podkreślanie wspólnych wartości:** Podkreślanie wspólnych wartości dzielonych przez islam i inne systemy wierzeń może pomóc w przezwyciężeniu luk i promowaniu wzajemnego szacunku. Omówienie wspólnych zasad, takich jak współczucie, sprawiedliwość i wartości rodzinne, może stworzyć wspólną płaszczyznę i podważyć negatywne stereotypy. Podkreślając te wspólne cechy, możesz budować połączenia i zachęcać do bardziej pozytywnego postrzegania islamu.

**Wykorzystanie mediów i zasobów:** Wykorzystanie dokładnych i wiarygodnych zasobów medialnych może pomóc w przezwyciężaniu błędnych przekonań. Udostępniaj artykuły edukacyjne, książki, dokumenty i strony internetowe, które dostarczają faktycznych informacji o islamie i praktykach muzułmańskich. Zasoby medialne mogą oferować wgląd w różnorodne doświadczenia muzułmanów i kwestionować panujące stereotypy.

**Budowanie pozytywnych relacji:** rozwijanie pozytywnych relacji z ludźmi o różnym pochodzeniu może pomóc w zwalczaniu błędnych przekonań. Angażuj się w działania społeczne, wolontariat i wydarzenia międzywyznaniowe, które promują zrozumienie i współpracę. Budowanie relacji opartych na wzajemnym szacunku i wspólnych celach może rozwiać błędne przekonania i sprzyjać bardziej inkluzywnemu środowisku.

**Modelowanie wartości islamskich:** Demonstrowanie wartości islamskich poprzez swoje działania i zachowanie może mieć silny wpływ na postrzeganie innych. Uosabiaj zasady takie jak uczciwość, życzliwość i szacunek w swoich interakcjach. Ucieleśniając te wartości, możesz kwestionować negatywne stereotypy i pokazywać pozytywne aspekty islamu.

**Poszukiwanie wsparcia ze strony liderów społeczności:** Liderzy społeczności i organizacje islamskie mogą odegrać kluczową rolę w rozwiązywaniu błędnych przekonań i promowaniu zrozumienia. Poszukaj wsparcia u lokalnych liderów meczetów, edukatorów islamskich i aktywistów społeczności, którzy mogą zapewnić wskazówki i zasoby do działań edukacyjnych. Współpraca z tymi liderami może wzmocnić przekaz i dotrzeć do szerszej publiczności.

**Zachęcanie do ciągłej nauki:** Wspieraj kulturę ciągłej nauki i ciekawości islamu. Zachęcaj innych do zadawania pytań, poszukiwania wiedzy i dalszego zgłębiania nauk islamu. Zapewnianie możliwości nauki, takich jak wykłady, warsztaty i grupy dyskusyjne, może pomóc w rozwiązaniu błędnych przekonań i promować świadome zrozumienie.

**Rozwiązywanie błędnych przekonań w społeczności muzułmańskiej:** Błędne przekonania mogą również pojawić się w społeczności muzułmańskiej, zwłaszcza w odniesieniu do praktyk kulturowych i interpretacji nauk islamskich. Angażowanie się w wewnętrzny dialog i edukację w społeczności może rozwiązać te problemy i promować dokładniejsze i bardziej ujednolicone rozumienie islamu.

**Poruszanie się po różnicach kulturowych:** Rozróżnianie praktyk kulturowych i nauk religijnych jest ważne w rozwiązywaniu błędnych przekonań. Wiele praktyk przypisywanych islamowi może być w rzeczywistości zakorzenionych w konkretnych tradycjach kulturowych, a nie w zasadach islamskich. Wyjaśnij te rozróżnienia, aby uniknąć utożsamiania praktyk kulturowych z obowiązkami religijnymi.

**Promowanie pozytywnej reprezentacji medialnej:** Wspieraj dokładną i pozytywną reprezentację muzułmanów w mediach. Wspieraj projekty i inicjatywy medialne, które podkreślają różnorodność i wkład muzułmanów. Pozytywne przedstawienia medialne mogą pomóc w przeciwdziałaniu stereotypom i zapewnić bardziej zrównoważony pogląd na islam i społeczności muzułmańskie.

**Konstruktywne reagowanie na krytykę:** Kiedy spotykasz się z krytyką lub negatywnymi komentarzami na temat islamu, reaguj konstruktywnie i z szacunkiem. Wykorzystaj te okazje, aby dostarczyć dokładnych informacji i zająć się błędnymi wyobrażeniami. Zachowaj spokój i opanowanie oraz skup się na budowaniu zrozumienia, a nie angażowaniu się w konflikt.

**Rozwijanie osobistej odporności:** Przezwyciężanie błędnych przekonań może być trudne i może wiązać się z stawieniem czoła uprzedzeniom lub wrogości. Rozwijanie osobistej odporności i utrzymywanie silnego poczucia własnej wartości może pomóc w pokonywaniu tych trudności. Oprzyj się na swojej wierze, szukaj wsparcia w swojej społeczności i pozostań zaangażowany w promowanie zrozumienia i dialogu.

**Zachęcanie do inicjatyw międzywyznaniowych:** Wspieraj i bierz udział w inicjatywach międzywyznaniowych, które promują wzajemny szacunek i zrozumienie. Angażowanie się w dyskusje i projekty współpracy z osobami o różnym pochodzeniu religijnym może pomóc przełamać bariery i wspierać bardziej inkluzywne i świadome społeczeństwo.

**Ocena postępów i dostosowywanie strategii:** Regularnie oceniaj skuteczność swoich wysiłków w celu rozwiązania błędnych przekonań i bądź otwarty na dostosowywanie swoich strategii w razie potrzeby. Zastanów się nad poczynionymi postępami, poszukaj informacji zwrotnej i nadal szukaj możliwości edukacji i dialogu.

Podsumowując, przezwyciężanie kulturowych i religijnych nieporozumień wymaga wieloaspektowego podejścia, które obejmuje edukację, dialog i pozytywne zaangażowanie. Poprzez zrozumienie przyczyn źródłowych nieporozumień, edukowanie siebie i innych oraz aktywne uczestnictwo w inicjatywach społecznościowych i międzywyznaniowych możesz pomóc rozwiać mity i wspierać dokładniejsze i pełne szacunku rozumienie islamu. Przyjęcie tych strategii z cierpliwością i odpornością może przyczynić się do powstania bardziej inkluzywnego i świadomego społeczeństwa.

# Rozdział 21: Prawa kobiet w islamie

Islamskie nauki o prawach kobiet są często źle rozumiane lub błędnie przedstawiane, co prowadzi do różnych błędnych wyobrażeń na temat roli i statusu kobiet w islamie. Niniejszy rozdział ma na celu wyjaśnienie tych nauk, podkreślając prawa i obowiązki kobiet, jak opisano w Koranie i Sunnie. Poprzez eksplorację kontekstu historycznego, dowodów z pism świętych i praktycznych implikacji, staramy się zapewnić kompleksowe zrozumienie praw kobiet w islamie.

**Kontekst historyczny praw kobiet w islamie:** Nadejście islamu przyniosło znaczące reformy statusu i praw kobiet w Arabii VII wieku, gdzie kobiety były często marginalizowane i pozbawione podstawowych praw. Islam wprowadził środki mające na celu ochronę godności kobiet, zapewnienie ich praw ekonomicznych i społecznych oraz promowanie ich dobrobytu. Reformy te były rewolucyjne w swoich czasach i położyły podwaliny pod uznanie praw kobiet.

**Równość i godność:** Koran podkreśla wrodzoną godność i równość wszystkich ludzi, w tym kobiet. W Surze An-Nisa (4:32) powiedziano: „A mężczyźni nie są jak kobiety". Ten werset jest często interpretowany w kontekście uzupełniających się ról, a nie w kategoriach wyższości lub niższości. Zasady równości w Koranie podkreślają, że mężczyźni i kobiety są równi pod względem swojej wartości duchowej i odpowiedzialności przed Allahem.

**Prawa do edukacji i wiedzy:** Islam zachęca zarówno mężczyzn, jak i kobiety do poszukiwania wiedzy. Prorok Muhammad (niech pokój będzie z nim) podkreślił znaczenie edukacji dla wszystkich muzułmanów, bez względu na płeć. Słynny hadis „Poszukiwanie wiedzy jest obowiązkiem każdego muzułmanina" (Ibn Majah) podkreśla, że edukacja jest podstawowym prawem kobiet, umożliwiającym im skuteczny wkład w społeczeństwo i realizację ich osobistego potencjału.

**Prawa do własności i niezależność finansowa:** Kobiety w islamie mają prawo do posiadania, zarządzania i dziedziczenia własności. Koran wyraźnie przyznaje kobietom prawo do dziedziczenia własności po krewnych (Sura An-Nisa, 4:7), co stanowi znaczącą reformę w Arabii przedislamskiej, gdzie kobiety nie miały prawa do dziedziczenia. Kobiety mogą również prowadzić działalność gospodarczą, zarabiać pieniądze i samodzielnie zarządzać swoimi finansami.

**Małżeństwo i prawa rodzinne:** Islam zapewnia kobietom określone prawa w ramach instytucji małżeństwa. Zgoda kobiety jest wymagana do zawarcia małżeństwa, co zapewnia jej głos w wyborze małżonka (Sura An-Nisa, 4:19). Koran podkreśla również znaczenie wzajemnego szacunku, życzliwości i sprawiedliwości w małżeństwie, a Prorok Muhammad (niech pokój będzie z nim) podkreślił potrzebę równego traktowania żon. Kobiety mają również prawo do umowy małżeńskiej, która określa ich prawa i obowiązki.

**Prawa w rozwodzie i opiece:** W przypadku rozwodu prawo islamskie zapewnia kobietom prawo do sprawiedliwego traktowania i wsparcia finansowego. Koran określa przepisy dotyczące 'iddah (okresu oczekiwania) i utrzymania w tym okresie (Sura Al-Baqarah, 2:241). Kobiety mają również prawo do ubiegania się o rozwód w pewnych okolicznościach, znanych jako „Talaq" i „Khula", zapewniając, że nie zostaną uwięzione w niekorzystnych sytuacjach. Prawo islamskie zajmuje się również prawami do opieki, stawiając na pierwszym miejscu dobro dzieci i zapewniając, że oboje rodzice przyczyniają się do ich wychowania.

**Ochrona przed nadużyciami:** Islam potępia wszelkie formy nadużyć i przemocy wobec kobiet. Koran opowiada się za życzliwością i szacunkiem we wszystkich interakcjach (Sura An-Nisa, 4:36), a Prorok Muhammad (niech pokój będzie z nim) stanowczo sprzeciwiał się przemocy domowej, stwierdzając, że najlepszymi wierzącymi są ci, którzy są najlepsi dla swoich rodzin. Islam zapewnia ramy prawne i etyczne, aby chronić kobiety przed krzywdą i zapewnić im bezpieczeństwo.

**Udział w życiu publicznym:** Kobiety w islamie mają prawo do udziału w życiu publicznym i społecznym. Historyczne przykłady obejmują wybitne postacie kobiece, takie jak Khadijah bint Khuwaylid, która była odnoszącą sukcesy bizneswoman, i Aisha bint Abu Bakr, która była szanowaną uczoną i doradcą. Islam wspiera zaangażowanie kobiet w różnych dziedzinach, w tym w polityce, edukacji i służbie społecznej, odzwierciedlając ich aktywną rolę w społeczeństwie.

**Rozprawianie się z błędnymi przekonaniami:** Błędne przekonania na temat praw kobiet w islamie często wynikają z praktyk kulturowych lub błędnych interpretacji nauk islamskich. Ważne jest rozróżnienie między tradycjami kulturowymi a zasadami religijnymi, ponieważ niektóre praktyki przypisywane islamowi mogą być w rzeczywistości kulturowe, a nie religijne. Rozprawianie się z tymi błędnymi przekonaniami wymaga dogłębnego zrozumienia źródeł islamskich i rozróżnienia między normami kulturowymi a dyrektywami religijnymi.

**Współczesne zastosowania:** We współczesnych kontekstach zasady praw kobiet w islamie można stosować w celu rozwiązania bieżących wyzwań i promowania równości płci. Wspieranie praw kobiet w oparciu o nauki islamskie obejmuje pracę nad reformami prawnymi, możliwościami edukacyjnymi i systemami wsparcia społecznego, które są zgodne z wartościami sprawiedliwości i szacunku opisanymi w Koranie i Sunnie.

**Promowanie równości płci:** Nauki islamu na temat praw kobiet podkreślają sprawiedliwość, szacunek i równość. Promowanie równości płci obejmuje wdrażanie tych zasad zarówno w kontekście osobistym, jak i społecznym. Wspieranie inicjatyw, które zwiększają dostęp kobiet do edukacji, opieki zdrowotnej i możliwości ekonomicznych, może pomóc w realizacji celów równości płci zgodnie z wartościami islamskimi.

**Zachęcanie do wzmocnienia pozycji:** Wzmocnienie pozycji kobiet obejmuje uznanie ich praw, wspieranie ich rozwoju osobistego i umożliwienie im aktywnego uczestnictwa w społeczeństwie. Nauki islamu zachęcają do wzmocnienia pozycji kobiet poprzez zapewnienie im narzędzi i możliwości, aby odniosły sukces i wniosły pozytywny wkład w swoje społeczności.

**Refleksja nad naukami islamu:** Zrozumienie i refleksja nad naukami islamu dotyczącymi praw kobiet może sprzyjać dokładniejszej i bardziej świadomej perspektywie. Współpraca z uczonymi islamskimi, uczestnictwo w programach edukacyjnych i studiowanie Koranu i hadisów może zwiększyć zrozumienie i stosowanie tych zasad w życiu codziennym.

Podsumowując, prawa kobiet w islamie są zakorzenione w zasadach równości, godności i sprawiedliwości. Koran i Sunna dostarczają kompleksowych wytycznych, które wspierają prawa kobiet do edukacji, własności, małżeństwa i udziału w życiu publicznym, jednocześnie potępiając nadużycia i promując szacunek. Zajęcie się błędnymi przekonaniami i stosowanie tych zasad we współczesnych kontekstach może pomóc promować równość płci i wzmacniać pozycję kobiet zgodnie z naukami islamu. Poprzez edukację, orędownictwo i praktyczne zastosowanie, prawa i role kobiet w islamie mogą być zrozumiane i w pełni przyjęte, przyczyniając się do bardziej sprawiedliwego i równego społeczeństwa.

# Rozdział 22: Małżeństwo i życie rodzinne

Małżeństwo i życie rodzinne w islamie są centralnymi składnikami wiary, ucieleśniającymi zasady miłości, szacunku i wzajemnej odpowiedzialności. Ten rozdział bada islamską perspektywę małżeństwa i życia rodzinnego, przedstawiając prawa i obowiązki małżonków, rolę rodziny w naukach islamskich oraz praktyczne porady dotyczące budowania i utrzymywania zdrowego i harmonijnego życia rodzinnego.

**Koncepcja małżeństwa w islamie:** W islamie małżeństwo jest uważane za świętą umowę i sposób na zaspokojenie potrzcb emocjonalnych, społecznych i duchowych. Jest postrzegane jako partnerstwo oparte na wzajemnej miłości, szacunku i współpracy. Koran opisuje małżeństwo jako źródło spokoju i przyjaźni, stwierdzając w Surze Ar-Rum (30:21): „A z Jego znaków jest to, że stworzył dla was z was samych małżonków, abyście mogli znaleźć w nich spokój".

**Znaczenie zgody:** Zgoda jest fundamentalnym aspektem małżeństwa islamskiego. Obie strony muszą wyrazić zgodę na zawarcie związku małżeńskiego, a zgoda panny młodej jest niezbędna do ważności umowy małżeńskiej. Prorok Muhammad (niech pokój będzie z nim) podkreślił znaczenie wzajemnej zgody, mówiąc: „Kobieta może wyjść za mąż z czterech powodów: jej bogactwa, jej pochodzenia, jej urody i jej religijnego zaangażowania. Wybierz tego, który jest religijny, a będziesz prosperować" (Sahih al-Bukhari). Ten hadis podkreśla, że religijne zaangażowanie i wzajemny szacunek są kluczowymi czynnikami w udanym małżeństwie.

**Prawa i obowiązki małżonków:** W islamie zarówno mąż, jak i żona mają określone prawa i obowiązki. Mąż jest ogólnie uważany za żywiciela i opiekuna rodziny, podczas gdy żona jest uznawana za gospodynię domową i partnerkę. Koran nakazuje mężczyznom traktować swoje żony z życzliwością i szacunkiem, stwierdzając w Surze

An-Nisa (4:19): „Żyjcie z nimi w życzliwości". Podobnie kobiety są zachęcane do wspierania i szanowania swoich mężów, przyczyniając się do zrównoważonej i wspierającej relacji.

**Kontrakt małżeński (Nikah):** Nikah, czyli kontrakt małżeński, to formalna umowa, która określa prawa i obowiązki obojga małżonków. Zawiera ona postanowienia takie jak Mahr (posag), który jest obowiązkowym darem męża dla żony. Kontrakt małżeński stanowi prawną i etyczną ramę małżeństwa, zapewniając jasność i wzajemne zrozumienie.

**Budowanie silnej relacji:** Budowanie udanego małżeństwa wymaga ciągłych wysiłków na rzecz pielęgnowania relacji. Skuteczna komunikacja, wzajemny szacunek i wspólne cele są niezbędne do utrzymania zdrowego i harmonijnego partnerstwa. Prorok Muhammad (niech pokój będzie z nim) podkreślił znaczenie dobrego charakteru i cierpliwości w małżeństwie, mówiąc: „Najlepsi z was to ci, którzy są najlepsi dla swoich rodzin" (Tirmidhi).

**Wychowanie dzieci i życie rodzinne:** Wychowanie dzieci to ważna odpowiedzialność w islamie, a wychowywanie dzieci z dobrym charakterem i wartościami jest bardzo podkreślane. Koran i hadisy dostarczają wskazówek na temat skutecznego rodzicielstwa, w tym znaczenia zapewnienia kochającego i wspierającego środowiska. Prorok Muhammad (niech pokój będzie z nim) zachęcał rodziców do edukowania swoich dzieci, mówiąc: „Naucz swoje dzieci dobrych manier i karm je dobrym jedzeniem" (Ahmad).

**Utrzymywanie więzi rodzinnych:** Silne więzi rodzinne są wysoko cenione w islamie. Utrzymywanie bliskich relacji z członkami dalszej rodziny i szanowanie rodziców to istotne aspekty życia rodzinnego. Koran nakazuje wierzącym, aby byli posłuszni swoim rodzicom i utrzymywali więzi rodzinne, jak widać w Surze Al-Isra (17:23): „A twój Pan postanowił, abyś nie czcił nikogo oprócz Niego, a rodzicom dobrze się powodziło".

**Rozwiązywanie konfliktów:** Konflikty i nieporozumienia są naturalne w każdym związku. Islam dostarcza wskazówek dotyczących rozwiązywania konfliktów z cierpliwością, uczciwością i wzajemną konsultacją. Koran radzi rozwiązywać spory polubownie i szukać pojednania, stwierdzając w Surze An-Nisa (4:128): „A jeśli kobieta obawia się ze strony męża poczucia złego postępowania lub uchylania się od niego, nie ma winy dla nich obojga, jeśli zawrą między sobą pokój".

**Równoważenie życia rodzinnego i osobistego:** Równoważenie obowiązków rodzinnych z celami osobistymi i zawodowymi to wyzwanie, z którym mierzy się wiele osób. Islam zachęca do zrównoważonego podejścia, podkreślając znaczenie wypełniania obowiązków rodzinnych przy jednoczesnym dążeniu do rozwoju osobistego i wkładu w społeczeństwo. Prorok Muhammad (niech pokój będzie z nim) był przykładem tej równowagi w swoim życiu, wykazując oddanie zarówno swojej rodzinie, jak i społeczności.

**Islamskie wytyczne dotyczące ról płciowych:** Nauki islamskie określają uzupełniające się role mężczyzn i kobiet w rodzinie, kładąc nacisk na wzajemne wsparcie i współpracę. Podczas gdy tradycyjne role mogą wpływać na dynamikę rodziny, islam opowiada się za elastycznością i zrozumieniem, umożliwiając dostosowanie ról w oparciu o indywidualne okoliczności i potrzeby.

**Rola miłości i współczucia:** Miłość i współczucie są podstawą islamskiego małżeństwa i życia rodzinnego. Koran opisuje związek między małżonkami jako związek miłości i miłosierdzia, stwierdzając w Surze Ar-Rum (30:21): „I umieścił między wami miłość i miłosierdzie". Kultywowanie miłości i współczucia obejmuje okazywanie empatii, życzliwości i wsparcia zarówno w codziennych interakcjach, jak i w ważnych wydarzeniach życiowych.

**Wspieranie się nawzajem w realizacji celów:** Zachęcanie i wspieranie się nawzajem w realizacji osobistych i zawodowych celów jest ważne w małżeństwie. Partnerzy powinni współpracować, aby osiągnąć swoje aspiracje, utrzymując jednocześnie wspierające i opiekuńcze środowisko. Wzajemne wspieranie się i wspólne cele przyczyniają się do spełnionego i udanego partnerstwa.

**Radzenie sobie z wyzwaniami zewnętrznymi:** wyzwania zewnętrzne, takie jak trudności finansowe lub presja społeczna, mogą mieć wpływ na życie rodzinne. Islam zachęca do odporności i wzajemnego wsparcia w trudnych czasach. Prorok Muhammad (niech pokój będzie z nim) udzielił wskazówek, jak stawiać czoła trudnościom z cierpliwością i zaufaniem do Allaha, pokazując, jak radzić sobie z presją zewnętrzną, utrzymując jednocześnie silne więzi rodzinne.

**Świętowanie kamieni milowych i osiągnięć:** Świętowanie kamieni milowych i osiągnięć, zarówno osobistych, jak i zbiorowych, wzmacnia poczucie jedności i doceniania w rodzinie. Islam zachęca do uznawania osiągnięć i wyrażania wdzięczności, przyczyniając się do pozytywnego i wspierającego środowiska rodzinnego.

**Szukanie wskazówek i wsparcia:** Szukanie wskazówek od uczonych i doradców islamskich może być korzystne w rozwiązywaniu złożonych problemów związanych z małżeństwem i życiem rodzinnym. Profesjonalne porady i wsparcie mogą zapewnić cenne spostrzeżenia i rozwiązania, pomagając jednostkom pokonywać wyzwania i wzmacniać relacje rodzinne.

**Rozważanie nauk islamu:** Rozważanie nauk islamu o małżeństwie i życiu rodzinnym może zapewnić głębsze zrozumienie i docenienie tych zasad. Studiowanie Koranu, hadisów i życia Proroka Muhammada (niech pokój będzie z nim) i jego towarzyszy może zapewnić cenne lekcje i inspirację do pielęgnowania kochającego i wspierającego środowiska rodzinnego.

Podsumowując, małżeństwo i życie rodzinne w islamie kierują się zasadami miłości, szacunku i wzajemnej odpowiedzialności. Nauki Koranu i hadisów stanowią ramy do budowania i utrzymywania zdrowych relacji, rozwiązywania konfliktów i wypełniania obowiązków rodzinnych. Stosując te zasady i szukając wskazówek, gdy jest to potrzebne, jednostki mogą pielęgnować silne i harmonijne relacje rodzinne, przyczyniając się do spełnionego i zrównoważonego życia zgodnie z wartościami islamskimi.

# Rozdział 23: Rozwód i separacja w islamie

Rozwód i separacja to delikatne i często trudne aspekty życia rodzinnego. W islamie procesy te są regulowane zasadami mającymi na celu zapewnienie uczciwości, szacunku i ochrony praw wszystkich zaangażowanych stron. Ten rozdział bada islamską perspektywę rozwodu i separacji, przedstawiając odpowiednie nauki, procedury i wytyczne, aby poruszać się po tych procesach z godnością i współczuciem.

**Islamski pogląd na rozwód:** Islam uznaje rozwód za legalny, ale nielubiany akt, przeznaczony jako ostateczność, gdy pojednanie nie jest możliwe. Koran omawia rozwód w Surze Al-Baqarah (2:231), stwierdzając: „A gdy rozwodzicie się z kobietami i nadszedł ich termin, albo trzymajcie je w dobrym tonie, albo uwolnijcie je w dobrym tonie". Ten werset podkreśla znaczenie traktowania się nawzajem z życzliwością i szacunkiem w całym procesie.

**Rodzaje rozwodu:** Rozwód islamski może odbyć się na kilka sposobów, w tym:

1. **Talaq (Rozwód przez męża):** Mąż inicjuje tę formę rozwodu. Proces obejmuje okres oczekiwania ('iddah), podczas którego żona nie może ponownie wyjść za mąż. Ten okres oczekiwania pozwala na refleksję, pojednanie i zapewnia, że wszelkie potencjalne dzieci z małżeństwa zostaną uznane.

2. **Khula (Rozwód przez żonę):** Żona może ubiegać się o rozwód przez khula, jeśli jest niezadowolona z małżeństwa. Proces ten wymaga od żony zwrotu mahr (posagu) lub uzgodnionej rekompensaty mężowi. Khula pozwala żonie zainicjować rozwód, zachowując jednocześnie godność.

3. **Wzajemne porozumienie:** Oboje małżonkowie mogą

zgodzić się na rozwód za obopólną zgodą. To podejście obejmuje negocjacje i porozumienia dotyczące warunków, takich jak ugody finansowe i ustalenia dotyczące opieki, aby zapewnić uczciwość dla obu stron.

**Proces rozwodowy:** Proces rozwodowy obejmuje kilka etapów, które mają na celu zapewnienie, że zostanie przeprowadzony uczciwie i z szacunkiem:

1. **Rozpoczęcie rozwodu:** Mąż lub żona inicjuje proces rozwodowy zgodnie z wybranym mechanizmem. W przypadku talaq mąż ogłasza rozwód w obecności świadków, po upływie przepisanych okresów oczekiwania.
2. **Okres oczekiwania ('Iddah):** Okres oczekiwania daje czas na pojednanie i zapewnia, że wszelkie potencjalne dzieci zostaną rozpoznane. W tym czasie żona pozostaje w domu małżeńskim i otrzymuje utrzymanie i wsparcie.
3. **Finalizacja rozwodu:** Po okresie oczekiwania, jeśli nie doszło do pojednania, rozwód zostaje sfinalizowany. Para musi uregulować wszelkie zobowiązania finansowe i podział majątku. Ta faza obejmuje zapewnienie, że wszystkie prawa są przestrzegane i że obie strony są traktowane sprawiedliwie.

**Prawa i obowiązki:** Nauki islamskie podkreślają ochronę praw i obowiązków podczas rozwodu:

1. **Wsparcie finansowe:** Mąż jest zobowiązany do zapewnienia wsparcia finansowego w okresie oczekiwania. Obejmuje to utrzymanie i mieszkanie, zapewniając, że żona nie zostanie pozostawiona w trudnej sytuacji.
2. **Opieka nad dziećmi:** Ustalenia dotyczące opieki opierają się na dobru dzieci. Prawo islamskie stawia na pierwszym miejscu dobro dzieci, biorąc pod uwagę takie czynniki jak ich

wiek i potrzeby. Oboje rodzice mają prawa i obowiązki w zakresie wychowania i opieki nad swoimi dziećmi.

3. **Majątek i posag:** Podział majątku i posagu jest rozpatrywany zgodnie z zasadami islamu. Żona ma prawo do swojego mahr (posagu) i wszelkich uzgodnionych rozliczeń finansowych. Majątek nabyty w trakcie małżeństwa jest zazwyczaj dzielony na podstawie wzajemnych porozumień lub ram prawnych.

**Wsparcie emocjonalne i społeczne:** Rozwód może być emocjonalnie trudny dla obu stron. Islam zachęca do współczucia i wsparcia w tym okresie. Szukanie wsparcia u rodziny, przyjaciół i zasobów społeczności może pomóc jednostkom poruszać się po emocjonalnych aspektach rozwodu i przejść do nowego etapu życia.

**Pojednanie i ponowne małżeństwo:** Islam zachęca do pojednania jako preferowanego rozwiązania przed sfinalizowaniem rozwodu. Koran podkreśla znaczenie dawania małżeństwu każdej możliwej szansy i szukania mediacji, jeśli to konieczne. Jeśli dojdzie do rozwodu, ponowne małżeństwo jest dozwolone, a jednostki są zachęcane do nawiązywania nowych relacji z szacunkiem i rozwagą.

**Rozwiązywanie błędnych przekonań:** Błędne przekonania na temat rozwodu w islamie często wynikają z praktyk kulturowych lub nieporozumień. Ważne jest, aby odróżnić normy kulturowe od nauk islamskich. Prawo islamskie zapewnia jasne wytyczne, aby zapewnić, że rozwód zostanie przeprowadzony uczciwie i z szacunkiem, kładąc nacisk na ochronę praw wszystkich zaangażowanych stron.

**Rozważania prawne i etyczne:** Oprócz zasad religijnych, rozwód może obejmować rozważania prawne i etyczne, zwłaszcza we współczesnych kontekstach. Ważne jest zasięgnięcie porady prawnej i upewnienie się, że postępowanie rozwodowe jest zgodne zarówno z wymogami islamskimi, jak i lokalnymi wymogami prawnymi. Rozważania etyczne obejmują podtrzymywanie integralności, uczciwości i szacunku w całym procesie.

**Osobista refleksja i rozwój:** Rozwód może być okazją do osobistej refleksji i rozwoju. Islam zachęca jednostki do samodoskonalenia, uczenia się na doświadczeniach i utrzymywania pozytywnego nastawienia. Refleksja nad lekcjami wyciągniętymi z małżeństwa i rozwodu może przyczynić się do rozwoju osobistego i przyszłych relacji.

**Sieci społecznościowe i wsparcia:** Angażowanie się w wspierające sieci społecznościowe może zapewnić cenne wsparcie w trakcie i po rozwodzie. Organizacje islamskie, usługi doradcze i grupy wsparcia mogą oferować wskazówki, zasoby i wsparcie emocjonalne, aby pomóc osobom poradzić sobie z wyzwaniami rozwodu i odbudować swoje życie.

**Idź naprzód:** Idź naprzód po rozwodzie, odbudowując i zmieniając swoje życie. Islam zachęca jednostki do podchodzenia do tej nowej fazy z optymizmem i odpornością. Dążenie do osobistych celów, skupienie się na dbaniu o siebie i angażowanie się w działania społeczne może przyczynić się do spełnionego i pozytywnego życia po rozwodzie.

Podsumowując, rozwód i separacja w islamie są regulowane zasadami uczciwości, szacunku i współczucia. Proces ten obejmuje określone procedury i wytyczne mające na celu ochronę praw wszystkich stron i zapewnienie godnego rozwiązania. Poprzez zrozumienie i stosowanie tych zasad jednostki mogą poruszać się po rozwodzie z uczciwością i budować fundamenty przyszłego wzrostu i dobrobytu.

# Rozdział 24: Wychowanie dzieci w islamie

Wychowywanie dzieci w islamie jest uważane za znaczącą i szlachetną odpowiedzialność, obejmującą kierowanie i wychowywanie dzieci zgodnie z wartościami islamskimi. Ten rozdział bada zasady i praktyki rodzicielstwa w islamie, podkreślając prawa i obowiązki rodziców, znaczenie edukacji i rolę wiary w wychowywaniu dzieci.

**Rola rodziców:** W islamie rodzice są postrzegani jako główni opiekunowie i wychowawcy swoich dzieci. Koran podkreśla znaczenie rodzicielstwa, stwierdzając w Surze Luqman (31:13-14): „I [wspomnij], kiedy Luqman powiedział do swojego syna, gdy go pouczał: 'O mój synu, nie dodawaj współtowarzyszy Allahowi. Zaprawdę, dodawanie Mu współtowarzyszy jest wielką niesprawiedliwością.' I nakazaliśmy człowiekowi [troskę] o jego rodziców. Jego matka nosiła go w słabości po słabości, a jego odstawienie od piersi nastąpiło w ciągu dwóch lat. Bądźcie wdzięczni Mnie i waszym rodzicom; do Mnie jest [ostateczny] cel".

**Wpajanie wartości islamskich:** nauczanie dzieci o wartościach i zasadach islamskich jest fundamentalnym aspektem rodzicielstwa. Rodziców zachęca się do modelowania i przekazywania wartości takich jak uczciwość, życzliwość, cierpliwość i szacunek. Prorok Muhammad (niech pokój będzie z nim) podkreślał znaczenie dobrego charakteru, mówiąc: „Najlepsi z was to ci, którzy są najlepsi dla swoich rodzin" (Tirmidhi). Poprzez ucieleśnianie tych wartości rodzice pomagają swoim dzieciom rozwijać silne podstawy moralne.

**Edukacja i wiedza:** Edukacja jest wysoko ceniona w islamie, a rodzice są zachęcani do zapewnienia swoim dzieciom zarówno edukacji religijnej, jak i świeckiej. Prorok Muhammad (niech pokój będzie z nim) powiedział: „Poszukiwanie wiedzy jest obowiązkiem każdego muzułmanina" (Ibn Majah). Obejmuje to nauczanie dzieci o Koranie, hadisach i zasadach islamskich, a także zapewnienie im wszechstronnego wykształcenia, które przygotuje je do różnych aspektów życia.

**Zapewnienie wsparcia emocjonalnego:** Wsparcie emocjonalne i uczucie są kluczowe dla zdrowego rozwoju. Prorok Muhammad (niech pokój będzie z nim) okazywał dzieciom uczucie, często okazując życzliwość i czułość. Koran radzi również rodzicom, aby byli współczujący i wyrozumiali, jak widać w Surze Al-Furqan (25:74): „A tym, którzy mówią: 'Panie nasz, daj nam spośród naszych żon i potomstwa pociechę naszych oczu i uczyń nas przykładem dla sprawiedliwych'".

**Dyscyplina i przewodnictwo:** Dyscyplina w islamie ma być korygująca i konstruktywna, a nie karząca. Koran zachęca do uczciwego i sprawiedliwego traktowania, stwierdzając w Surze An-Nisa (4:36): „I nie zabijaj duszy, której zakazał Bóg, chyba że zgodnie z prawem". Rodzicom zaleca się, aby kierowali swoimi dziećmi, używając mądrości i cierpliwości, stosując metody, które promują zrozumienie i rozwój, a nie strach.

**Równoważenie autorytetu i współczucia:** Wychowywanie dzieci polega na równoważeniu autorytetu ze współczuciem. Podczas gdy ważne jest wyznaczanie granic i egzekwowanie zasad, równie ważne jest podejście do rodzicielstwa z empatią i zrozumieniem. Prorok Muhammad (niech pokój będzie z nim) powiedział: „Kto nie okazuje miłosierdzia naszym najmłodszym i nie uznaje czci należnej naszym starszym, nie jest jednym z nas" (Abu Dawood). Ta równowaga pomaga stworzyć środowisko wychowawcze, w którym dzieci czują się bezpiecznie i są cenione.

**Zachęcanie do dobrego zachowania:** Zachęcanie do pozytywnego zachowania i nagradzanie osiągnięć może motywować dzieci do przestrzegania nauk islamskich i rozwijania dobrych nawyków. Prorok Muhammad (niech pokój będzie z nim) często chwalił i zachęcał dzieci za ich dobre czyny, wzmacniając pozytywne zachowanie poprzez uznanie i wsparcie.

**Nauczanie odpowiedzialności i rozliczalności:** Wpajanie poczucia odpowiedzialności i rozliczalności jest niezbędne do rozwoju dojrzałych i samodzielnych jednostek. Rodzice powinni angażować swoje dzieci w procesy podejmowania decyzji i uczyć je o konsekwencjach swoich działań. Koran stwierdza w Surze Al-Ankabut (29:69): „A tych, którzy walczą dla Nas - My z pewnością poprowadzimy na Nasze drogi". Ten werset podkreśla znaczenie wysiłku i odpowiedzialności w poszukiwaniu wskazówek i rozwoju osobistym.

**Utrzymywanie silnych więzi rodzinnych:** Silne więzi rodzinne są niezbędne dla rozwoju emocjonalnego i społecznego dziecka. Islam podkreśla znaczenie utrzymywania bliskich relacji z członkami rodziny i pielęgnowania wspierającego środowiska rodzinnego. Prorok Muhammad (niech pokój będzie z nim) powiedział: „Więzi pokrewieństwa nie powinny być zrywane, nawet jeśli tylko słowem życzliwości" (Sahih al-Bukhari). Budowanie i utrzymywanie silnych więzi rodzinnych pomaga dzieciom czuć się bezpiecznie i wspieranymi.

**Promowanie zdrowia i dobrego samopoczucia:** Zapewnienie zdrowia fizycznego i dobrego samopoczucia dzieci jest kluczowym aspektem rodzicielstwa. Obejmuje to dostarczanie pożywnego jedzenia, zachęcanie do aktywności fizycznej i szybkie rozwiązywanie problemów zdrowotnych. Prorok Muhammad (niech pokój będzie z nim) zachęcał do zdrowego życia, stwierdzając: „Twoje ciało ma prawo nad tobą" (Sahih al-Bukhari). Rodzice powinni dawać przykład i promować zdrowe nawyki, aby wspierać ogólne dobre samopoczucie swoich dzieci.

**Prowadzenie dzieci przez wyzwania:** Dzieci będą stawiać czoła różnym wyzwaniom w miarę dorastania. Islam udziela wskazówek, jak wspierać dzieci w trudnościach, w tym zachowywać cierpliwość, oferować zachętę i wspólnie szukać rozwiązań. Koran radzi szukać pomocy i wskazówek Allaha w trudnych czasach, jak widać w Surah Al-Baqarah (2:286), „Allah nie obciąża duszy ponad to, co ona może udźwignąć".

**Pielęgnowanie relacji z Allahem:** Pomaganie dzieciom w rozwijaniu silnej relacji z Allahem jest centralnym aspektem rodzicielstwa islamskiego. Rodzice powinni uczyć dzieci o znaczeniu wiary, modlitwy i polegania na Allahu. Prorok Muhammad (niech pokój będzie z nim) powiedział: „Pierwszą rzeczą, której powinieneś nauczyć swoje dzieci, jest kochanie Allaha" (Sahih al-Bukhari). Zachęcanie do regularnych aktów czci i wpajanie poczucia duchowości pomaga dzieciom stać się pobożnymi i sumiennymi osobami.

**Zachęcanie do zaangażowania społecznego:** Angażowanie dzieci w działania społeczne i zachęcanie ich do pozytywnego wkładu w społeczeństwo pomaga im rozwinąć poczucie odpowiedzialności i empatii. Prorok Muhammad (niech pokój będzie z nim) podkreślił znaczenie służby społecznej i pomagania innym, mówiąc: „Najlepsi ludzie to ci, którzy są najbardziej pożyteczni dla innych" (Sahih al-Bukhari).

**Radzenie sobie z konfliktami i nieposłuszeństwem:** radzenie sobie z konfliktami i przypadkami nieposłuszeństwa wymaga cierpliwości i skutecznej komunikacji. Rodzice powinni podchodzić do problemów spokojnie i uczciwie, starając się zrozumieć perspektywy swoich dzieci i kierując je w stronę pozytywnego zachowania. Koran radzi rozwiązywać spory polubownie i ze współczuciem, jak widać w Surah An-Nisa (4:128).

**Przygotowanie do okresu dojrzewania:** Przygotowanie dzieci do okresu dojrzewania obejmuje udzielanie wskazówek dotyczących radzenia sobie z wyzwaniami dorastania przy jednoczesnym zachowaniu wartości islamskich. Otwarta komunikacja, zaufanie i wsparcie są niezbędne w tym okresie przejściowym. Rodzice powinni podchodzić do kwestii związanych z tożsamością, presją rówieśników i rozwojem osobistym z wrażliwością i zrozumieniem.

**Refleksja nad praktykami rodzicielskimi:** Refleksja nad praktykami rodzicielskimi i dążenie do ciągłego doskonalenia są ważne dla efektywnego rodzicielstwa. Islam zachęca do autorefleksji i rozwoju osobistego, pomagając rodzicom dostosować swoje podejście do zmieniających się potrzeb dzieci. Prorok Muhammad (niech pokój będzie z nim) powiedział: „Najlepsi z was to ci, którzy są najlepsi dla swoich rodzin" (Tirmidhi), podkreślając znaczenie ciągłego wysiłku i samodoskonalenia w rodzicielstwie.

Podsumowując, rodzicielstwo w islamie obejmuje kompleksowe podejście, które obejmuje miłość, przewodnictwo, edukację i wsparcie. Przestrzegając zasad islamskich i starając się zapewnić opiekuńcze środowisko, rodzice mogą wychowywać swoje dzieci zgodnie z wartościami i zasadami islamskimi. Poprzez modelowanie dobrego zachowania, pielęgnowanie silnej relacji z Allahem i wspieranie rozwoju swoich dzieci, rodzice wypełniają swoją rolę opiekunów i wychowawców, przyczyniając się do dobrobytu i sukcesu swoich rodzin.

# Rozdział 25: Islamskie prawo dziedziczenia

Islamskie prawo spadkowe jest fundamentalnym aspektem islamskiej jurysprudencji, mającym na celu zapewnienie uczciwości, równości i ochrony praw spadkobierców. Prawa te są szczegółowo opisane w Koranie i hadisach i stanowią ustrukturyzowane ramy dystrybucji majątku jednostki po jej śmierci. W tym rozdziale omówiono zasady, reguły i praktyczne aspekty islamskiego prawa spadkowego.

**Podstawy islamskich praw spadkowych:** Islamskie prawa spadkowe wywodzą się przede wszystkim z Koranu, który określa konkretne udziały dla spadkobierców. Celem tych praw jest zapobieganie sporom i zapewnienie, że majątek zmarłego zostanie rozdzielony w sposób, który respektuje prawa wszystkich członków rodziny. Wersety Koranu dotyczące dziedziczenia znajdują się głównie w Surah An-Nisa (4:7-12, 4:176), podając jasne instrukcje dotyczące sposobu podziału majątków.

**Zasada równości:** Jedną z kluczowych zasad islamskiego prawa spadkowego jest równość, zapewniająca, że każdy spadkobierca otrzyma sprawiedliwy udział w majątku. Koran podkreśla znaczenie sprawiedliwego podziału, jak widać w Surze An-Nisa (4:11), która mówi: „Allah nakazuje wam w sprawie waszych dzieci: dla mężczyzny, co jest równe udziałowi dwóch kobiet". Zasada ta odzwierciedla równowagę między odpowiedzialnością finansową a wkładem każdego spadkobiercy.

**Stałe udziały dla spadkobierców:** Islamskie prawo spadkowe przydziela stałe udziały konkretnym spadkobiercom, którzy są opisani w Koranie. Udziały te są oparte na relacji spadkobiercy ze zmarłym i obejmują:

1. **Rodzice:** Zarówno ojciec, jak i matka zmarłego mają stałe udziały. Matka otrzymuje zazwyczaj jedną szóstą majątku,

jeśli zmarły ma dzieci, które przeżyły, i jedną trzecią, jeśli nie ma dzieci.

2. **Małżonek:** Udziały małżonka są również stałe. Żona otrzymuje jedną czwartą majątku, jeśli zmarły ma dzieci, i jedną ósmą, jeśli nie ma dzieci. Mąż otrzymuje połowę majątku, jeśli zmarły nie ma dzieci, i jedną czwartą, jeśli dzieci są.

3. **Dzieci:** Synowie i córki mają określone udziały, przy czym synowie otrzymują zazwyczaj dwa razy więcej niż córki. Koran określa te udziały, aby zapewnić zrównoważony podział między spadkobiercami płci męskiej i żeńskiej.

4. **Rodzeństwo:** Jeśli zmarły nie ma dzieci ani rodziców, rodzeństwo może dziedziczyć. Bracia i siostry mają określone udziały w zależności od ich relacji ze zmarłym.

5. **Dziadkowie i inni krewni:** Dziadkowie i inni krewni również mogą mieć prawo do udziałów, w zależności od obecności bliższych krewnych.

**Rola zapisów (Wasiyyah):** Oprócz stałych udziałów zmarły może dokonać zapisów (wasiyyah) na rzecz osób niebędących spadkobiercami lub zwiększyć udziały niektórych spadkobierców. Jednak całkowita kwota przydzielona w zapisach nie może przekroczyć jednej trzeciej majątku. Zapisy powinny być dokonywane zgodnie z zasadami islamu i nie powinny być sprzeczne ze stałymi udziałami przydzielonymi przez prawo spadkowe.

**Długi i zobowiązania:** Przed podziałem majątku należy uregulować wszelkie długi i zobowiązania finansowe zmarłego. Islamskie prawo spadkowe stanowi, że długi mają pierwszeństwo przed podziałem majątku. Obejmuje to spłatę wszelkich zaległych długów, uregulowanie zobowiązań finansowych i wypełnienie wszelkich innych zobowiązań prawnych.

**Proces podziału majątku:** Podział majątku obejmuje kilka etapów:

1. **Rozliczanie długów:** Wszystkie długi i zobowiązania finansowe są regulowane w pierwszej kolejności, co zapewnia uregulowanie zobowiązań zmarłego przed jakąkolwiek wypłatą.
2. **Spłata zapisów:** Po uregulowaniu długów wszelkie zapisy pozostawione przez zmarłego podlegają realizacji, pod warunkiem, że nie przekraczają jednej trzeciej majątku.
3. **Dystrybucja do spadkobierców:** Pozostały majątek jest dystrybuowany zgodnie z ustalonymi udziałami określonymi w Koranie. Każdy spadkobierca otrzymuje przydzielony mu udział na podstawie jego relacji ze zmarłym.
4. **Rozwiązywanie sporów:** Spory o dziedziczenie mogą się pojawić, zwłaszcza w skomplikowanych sytuacjach rodzinnych. Zasady islamskie zachęcają do polubownego rozwiązywania sporów, często poprzez mediację lub arbitraż, zgodnie z islamskimi naukami o sprawiedliwości i uczciwości.

**Prawa dziedziczenia kobiet:** Islamskie prawo dziedziczenia zapewnia kobietom określone prawa, zapewniając, że otrzymają należny im udział w majątku. Chociaż udziały kobiet mogą różnić się od udziałów mężczyzn, mają one zagwarantowaną część spadku. Odzwierciedla to zasadę równości i uznaje odpowiedzialność finansową i wkład obu płci.

**Dziedziczenie i współczesne konteksty:** We współczesnych kontekstach stosowanie islamskich praw dziedziczenia może obejmować rozważania prawne i praktyczne. Wiele krajów ma ramy prawne, które włączają lub uzupełniają islamskie zasady dziedziczenia. Zrozumienie i poruszanie się po tych ramach może pomóc zapewnić, że dziedziczenie jest obsługiwane zgodnie z prawem islamskim i lokalnym.

**Rozważania edukacyjne i praktyczne:** Edukowanie jednostek na temat islamskich praw spadkowych jest kluczowe dla zapewnienia, że te zasady są stosowane prawidłowo. Obejmuje to zrozumienie stałych udziałów, roli zapisów i procesu dystrybucji majątku. Praktyczne porady i wskazówki od uczonych islamskich lub ekspertów prawnych mogą pomóc jednostkom skutecznie poruszać się w sprawach spadkowych.

**Rozważania nad wartościami islamskimi:** Islamskie prawa spadkowe odzwierciedlają szersze islamskie wartości sprawiedliwości, równości i poszanowania praw rodziny. Przestrzegając tych zasad, jednostki czczą spuściznę zmarłego i podtrzymują standardy etyczne i prawne ustanowione przez islam.

**Rola uczonych islamskich i ekspertów prawnych:** Uczeni islamscy i eksperci prawni odgrywają kluczową rolę w interpretowaniu i stosowaniu prawa spadkowego. Udzielają wskazówek w skomplikowanych przypadkach, zapewniają zgodność z zasadami islamskimi i pomagają rozwiązywać spory. Konsultacje z doświadczonymi profesjonalistami mogą zapewnić, że sprawy spadkowe będą obsługiwane prawidłowo i uczciwie.

Podsumowując, islamskie prawo spadkowe zapewnia szczegółowe i sprawiedliwe ramy dla dystrybucji majątku jednostki po jej śmierci. Przestrzegając zasad określonych w Koranie i hadisach oraz uwzględniając praktyczne względy, jednostki mogą zapewnić, że dziedziczenie będzie obsługiwane w sposób, który szanuje prawa wszystkich spadkobierców i podtrzymuje wartości islamskie. Zrozumienie tych praw i poszukiwanie wskazówek w razie potrzeby może przyczynić się do sprawiedliwego i uczciwego rozwiązania spraw spadkowych.

# Rozdział 26: Dostosowanie się do nowej tożsamości kulturowej

Dostosowanie się do nowej tożsamości kulturowej może być jednym z najgłębszych i najbardziej transformacyjnych doświadczeń dla osób przechodzących na islam. Przyjęcie nowej wiary często wiąże się z poruszaniem się nie tylko po naukach religijnych, ale także powiązanych praktykach i normach kulturowych. Ten rozdział bada proces dostosowywania się do nowej tożsamości kulturowej, zajmując się wyzwaniami, możliwościami i strategiami integrowania wartości islamskich z własnym życiem przy jednoczesnym zachowaniu osobistej autentyczności.

**Przyjęcie zmiany i przejścia:** Nawrócenie się na islam to znacząca zmiana w życiu, która często wymaga okresu dostosowania. Ta zmiana obejmuje coś więcej niż przyjęcie nowych praktyk religijnych; obejmuje zmianę tożsamości kulturowej, która może wpłynąć na różne aspekty codziennego życia. Przyjęcie tej zmiany z otwartym umysłem i sercem jest kluczowe dla płynnego przejścia. Ważne jest, aby uznać i uszanować proces zmiany, rozumiejąc, że obejmuje on zarówno rozwój osobisty, jak i dostosowanie się do nowych norm kulturowych.

**Zrozumienie islamskich praktyk kulturowych:** Każda społeczność muzułmańska może mieć swoje unikalne praktyki kulturowe i tradycje, które odzwierciedlają różnorodność w świecie islamskim. Zrozumienie i poszanowanie tych praktyk może pomóc nowym muzułmanom skuteczniej zintegrować się ze swoimi społecznościami. Korzystne jest podejście do tych praktyk z ciekawością i otwartością, dążąc do poznania i docenienia bogatego gobelinu kulturowego, który obejmuje islam.

**Zrównoważenie tożsamości osobistej i nowych norm kulturowych:** Jednym z kluczowych wyzwań w dostosowaniu się do nowej tożsamości kulturowej jest zrównoważenie tożsamości osobistej z nowymi normami kulturowymi. Ważne jest, aby zintegrować wartości islamskie ze swoim życiem, pozostając jednocześnie wiernym indywidualnym przekonaniom i preferencjom. Ta równowaga wymaga przemyślanej refleksji nad tym, w jaki sposób nowe praktyki kulturowe są zgodne z osobistymi wartościami i jak można je włączyć w sposób, który wydaje się autentyczny.

**Budowanie wspierających relacji:** Nawiązywanie kontaktów ze wspierającymi osobami i społecznościami może znacznie ułatwić przejście do nowej tożsamości kulturowej. Angażowanie się w lokalne społeczności muzułmańskie, uczestnictwo w wydarzeniach religijnych i poszukiwanie mentoringu u bardziej doświadczonych muzułmanów może zapewnić cenne wskazówki i wsparcie. Budowanie relacji z innymi, którzy przeszli podobne zmiany, może zapewnić praktyczne porady i wsparcie emocjonalne w trakcie procesu dostosowywania.

**Poruszanie się wśród różnic kulturowych:** Jako nowy muzułmanin, poruszanie się wśród różnic kulturowych może być trudne, zwłaszcza jeśli pochodzi się z innego kręgu kulturowego. Ważne jest, aby podchodzić do tych różnic z szacunkiem i otwartością, uznając, że nauki islamskie są uniwersalne, ale kulturowe wyrazy wiary mogą się różnić. Akceptacja różnorodności w społeczności muzułmańskiej i poszukiwanie wspólnego gruntu może sprzyjać poczuciu przynależności i zrozumienia.

**Adaptacja do nowych norm społecznych:** Dostosowanie się do nowych norm społecznych jest istotnym aspektem przyjmowania nowej tożsamości kulturowej. Może to obejmować zmiany w zachowaniu społecznym, stylach komunikacji i interakcjach z innymi. Zrozumienie i dostosowanie się do tych norm społecznych może zwiększyć integrację i pomóc uniknąć nieporozumień. Pomocne jest obserwowanie i uczenie się na podstawie zachowań innych osób w społeczności, przy jednoczesnym zachowaniu wierności własnym wartościom.

**Utrzymywanie relacji rodzinnych i przyjacielskich:** Dla wielu nowych muzułmanów utrzymywanie relacji z rodziną i przyjaciółmi z ich poprzedniego kręgu kulturowego jest ważnym aspektem życia. Otwarta i pełna szacunku komunikacja na temat nowej wiary i praktyk może pomóc w przezwyciężeniu luk i wzmocnieniu zrozumienia. Ważne jest, aby podchodzić do tych rozmów z wrażliwością i cierpliwością, uznając, że zmiany w czyimś życiu mogą wymagać czasu, aby inni je zaakceptowali.

**Integracja praktyk islamskich z codziennym życiem:** Integracja praktyk islamskich z codziennym życiem obejmuje przyjęcie nowych rutyn i nawyków zgodnych z naukami islamu. Obejmuje to przestrzeganie codziennych modlitw, praktykowanie postu w czasie Ramadanu i angażowanie się w działalność charytatywną. Stopniowe włączanie tych praktyk do codziennego życia może pomóc stworzyć poczucie normalności i sprawić, że przejście do nowej tożsamości kulturowej będzie bardziej płynne.

**Zarządzanie osobistymi oczekiwaniami:** Dostosowanie się do nowej tożsamości kulturowej obejmuje zarządzanie osobistymi oczekiwaniami i wyznaczanie realistycznych celów. Ważne jest, aby zdać sobie sprawę, że proces przejściowy wymaga czasu i że normalne jest doświadczanie wyzwań po drodze. Bycie cierpliwym wobec siebie i wyznaczanie osiągalnych celów może pomóc w poruszaniu się po tym okresie dostosowywania się z większą łatwością i pewnością siebie.

**Przyjęcie osobistego rozwoju:** Proces dostosowywania się do nowej tożsamości kulturowej może być również podróżą osobistego rozwoju i samopoznania. Przyjęcie nowych praktyk i wartości kulturowych może prowadzić do głębszego zrozumienia siebie i większego docenienia różnorodności ludzkich doświadczeń. Ten okres dostosowywania się może oferować okazje do nauki, refleksji i rozwoju duchowego.

**Poszukiwanie wiedzy i wskazówek:** Ciągła nauka i poszukiwanie wiedzy są niezbędne do dostosowania się do nowej tożsamości kulturowej. Zaangażowanie się w nauki islamskie, uczestnictwo w zajęciach religijnych i poszukiwanie wskazówek od osób posiadających wiedzę może pomóc pogłębić zrozumienie wiary i jej kulturowych wyrazów. To ciągłe dążenie do wiedzy może zapewnić jasność i wsparcie w trakcie procesu przejściowego.

**Świętowanie integracji kulturowej:** Przyjęcie nowej tożsamości kulturowej wiąże się ze świętowaniem pozytywnych aspektów integracji i uznaniem wzrostu, który się z tym wiąże. Rozpoznawanie i docenianie wkładu różnych praktyk kulturowych może wzmocnić doświadczenie wiary i stworzyć poczucie przynależności do społeczności. Świętowanie kamieni milowych i osiągnięć w tej podróży może sprzyjać pozytywnemu nastawieniu i wzmacniać więź z nową tożsamością kulturową.

**Zrównoważenie tradycji i nowoczesności:** Przystosowując się do nowej tożsamości kulturowej, ważne jest znalezienie równowagi między tradycyjnymi praktykami a nowoczesnym życiem. Ta równowaga obejmuje integrację tradycyjnych wartości islamskich ze współczesnymi wyborami stylu życia w sposób, który szanuje oba. Uważność na to, jak utrzymać tę równowagę, może pomóc stworzyć harmonijną integrację wiary i codziennego życia.

**Stawianie czoła wyzwaniom z odpornością:** Proces dostosowywania się do nowej tożsamości kulturowej może wiązać się z różnymi wyzwaniami, w tym nieporozumieniami kulturowymi, presją społeczną i wątpliwościami osobistymi. Stawianie czoła tym wyzwaniom z odpornością i pozytywnym nastawieniem jest kluczowe. Szukanie wsparcia w społeczności, angażowanie się w samoopiekę i podtrzymywanie wiary w proces może pomóc pokonać przeszkody i ułatwić płynniejsze przejście.

Podsumowując, dostosowanie się do nowej tożsamości kulturowej obejmuje akceptację zmian, zrównoważenie tożsamości osobistej z nowymi normami kulturowymi i zintegrowanie wartości islamskich z codziennym życiem. Poprzez budowanie wspierających relacji, poruszanie się po różnicach kulturowych i zarządzanie osobistymi oczekiwaniami jednostki mogą przejść do swojej nowej tożsamości kulturowej z pewnością siebie i autentycznością. Podróż dostosowywania się do nowej tożsamości kulturowej jest okazją do osobistego rozwoju, głębszego zrozumienia i większego związku z własną wiarą i społecznością.

# Rozdział 27: Poruszanie się po uroczystościach i świętach

Poruszanie się po uroczystościach i świętach jako nowy muzułmanin wymaga zrozumienia znaczenia świąt islamskich, zintegrowania ich z własnym życiem i zrównoważenia ich z tradycjami kulturowymi i rodzinnymi. Ten rozdział bada, jak podchodzić do uroczystości islamskich, zarządzać interakcjami z niemuzułmańskimi świętami i utrzymywać harmonijne połączenie praktyk osobistych i społecznościowych.

**Zrozumienie islamskich obchodów:** Islamskie obchody, takie jak Eid al-Fitr i Eid al-Adha, mają głębokie znaczenie religijne i są naznaczone określonymi praktykami i tradycjami. Eid al-Fitr, które następuje po miesiącu Ramadan, jest radosną okazją do świętowania zakończenia postu. Eid al-Adha, obchodzone podczas pielgrzymki Hadżdż, upamiętnia gotowość proroka Ibrahima (Abrahama) do poświęcenia swojego syna w posłuszeństwie Allahowi. Zrozumienie religijnego znaczenia tych Eid pomaga nowym muzułmanom docenić ich znaczenie i zaangażować się w obchody w sposób znaczący.

**Świętowanie Eid al-Fitr:** Eid al-Fitr to święto wdzięczności i radości po miesiącu postu. Rozpoczyna się specjalną modlitwą odprawioną w meczecie lub wyznaczonym miejscu modlitwy, po której następuje kazanie. Dzień często spędza się na odwiedzaniu przyjaciół i rodziny, dzieleniu się posiłkami i wręczaniu prezentów. Nowi muzułmanie mogą uczestniczyć w tych tradycjach, przygotowując się do Eid poprzez osobistą refleksję, nosząc nowe ubrania i przygotowując lub przyczyniając się do świątecznych posiłków. Udział we wspólnych modlitwach i dawanie Zakat al-Fitr, darowizny charytatywnej, dodatkowo wzbogaca doświadczenie Eid.

**Obchodzenie Eid al-Adha:** Eid al-Adha obejmuje poświęcenie zwierzęcia, zazwyczaj owcy, kozy, krowy lub wielbłąda, na pamiątkę oddania proroka Ibrahima. Mięso jest rozdzielane między rodzinę, przyjaciół i potrzebujących. Nowi muzułmanie mogą uczestniczyć w poświęceniu lub przyczyniać się do niego w inny sposób, na przykład organizując złożenie ofiary w ich imieniu. Dzień ten zazwyczaj obejmuje modlitwy, dzielenie się świątecznymi posiłkami i spędzanie czasu z bliskimi. Uczestnictwo w tych praktykach pomaga wzmocnić znaczenie poświęcenia i hojności w islamie.

**Równoważenie z nie muzułmańskimi świętami:** Poruszanie się w niemuzułmańskich świętach, zwłaszcza jeśli są obchodzone w rodzinie lub społeczności, wymaga wrażliwości i równowagi. Podczas gdy nauki islamskie nie nakazują uczestnictwa w niemuzułmańskich świętach, ważne jest utrzymywanie pełnych szacunku relacji z rodziną i przyjaciółmi. Może to obejmować znalezienie kompromisu, takiego jak dołączenie do świeckich aspektów obchodów bez uszczerbku dla wartości islamskich lub po prostu złożenie życzeń tym, którzy świętują.

**Podtrzymywanie tradycji rodzinnych:** Dla nowych muzułmanów, których członkowie rodziny obchodzą święta niemuzułmańskie, ważne jest podtrzymywanie tradycji rodzinnych przy jednoczesnym poszanowaniu zasad islamskich. Może to oznaczać uczestnictwo w spotkaniach rodzinnych w sposób zgodny z wiarą lub oferowanie organizacji alternatywnych uroczystości, które odzwierciedlają wartości islamskie. Otwarta komunikacja z członkami rodziny na temat nowych przekonań i praktyk może pomóc w znalezieniu wspólnego gruntu i wspieraniu wzajemnego zrozumienia.

**Poruszanie się po kulturowych oczekiwaniach:** W niektórych kulturach uroczystości i święta niosą ze sobą określone oczekiwania i praktyki. Nowi muzułmanie mogą znaleźć się w sytuacji, w której muszą dostosować się do tych norm kulturowych, jednocześnie integrując swoje islamskie przekonania. Zrównoważenie kulturowych oczekiwań z islamskimi zasadami obejmuje ustalenie jasnych granic i otwartość na znalezienie sposobów uczestnictwa w sposób zgodny z własną wiarą. Takie podejście pomaga utrzymać więzi kulturowe przy jednoczesnym poszanowaniu zobowiązań religijnych.

**Tworzenie nowych tradycji:** Przyjęcie nowej tożsamości kulturowej może wiązać się ze stworzeniem nowych tradycji, które odzwierciedlają zarówno wartości islamskie, jak i osobiste preferencje. Może to obejmować organizowanie spotkań o tematyce islamskiej, świętowanie osiągnięć członków rodziny lub rozwijanie unikalnych praktyk, które honorują nauki islamskie, a jednocześnie dodają osobisty akcent. Tworzenie nowych tradycji pomaga w budowaniu poczucia przynależności i wzmacnianiu tożsamości islamskiej.

**Zaangażowanie dzieci w uroczystości:** Dla nowych rodziców muzułmańskich angażowanie dzieci w uroczystości islamskie jest kluczowe dla zaszczepienia poczucia tożsamości religijnej i przynależności. Uczenie dzieci o znaczeniu Eid, angażowanie ich w działania przygotowawcze i zachęcanie do udziału w wydarzeniach społecznościowych sprzyja pozytywnemu skojarzeniu z uroczystościami islamskimi. To zaangażowanie pomaga dzieciom zrozumieć i docenić kulturowe i religijne aspekty ich wiary.

**Zarządzanie oczekiwaniami i dostosowaniami:** Dostosowanie się do nowego zestawu uroczystości i świąt wymaga zarządzania oczekiwaniami i elastyczności. Ważne jest, aby zdać sobie sprawę, że pełna integracja z nowymi tradycjami i praktykami może zająć trochę czasu. Bycie cierpliwym wobec siebie i innych w tym okresie przejściowym może pomóc w poruszaniu się po zawiłościach dostosowywania się do nowego kalendarza kulturowego i religijnego.

**Poszukiwanie wsparcia społeczności:** Angażowanie się w społeczność muzułmańską zapewnia cenne wsparcie podczas uroczystości i świąt. Wydarzenia, spotkania i działania społecznościowe oferują okazje do nawiązywania kontaktów z innymi, dzielenia się doświadczeniami i uczestniczenia we wspólnych uroczystościach. Poszukiwanie wskazówek od lokalnych organizacji islamskich lub liderów społeczności może zapewnić praktyczne porady i wsparcie w poruszaniu się po świętach islamskich i nieislamskich.

**Poszanowanie różnorodnych praktyk:** W społeczności muzułmańskiej praktyki i tradycje związane z obchodami mogą się różnić w zależności od różnic kulturowych i regionalnych. Poszanowanie tej różnorodności przy jednoczesnym przestrzeganiu podstawowych zasad islamu pomaga pielęgnować poczucie jedności i inkluzywności. Zrozumienie i docenienie różnych sposobów, w jakie muzułmanie świętują, może wzbogacić własne doświadczenie i przyczynić się do szerszego poczucia wspólnoty.

**Zrównoważenie zaangażowania osobistego i społecznego:** Znalezienie równowagi między osobistymi celebracjami a zaangażowaniem społecznym jest kluczem do satysfakcjonującego doświadczenia. Udział w wydarzeniach społecznościowych i wkład w zbiorowe celebracje wzbogaca zrozumienie tradycji islamskich i wzmacnia więzi z innymi muzułmanami. Jednocześnie podtrzymywanie osobistych praktyk i tradycji pomaga zachować indywidualną tożsamość i osobiste połączenie z wiarą.

Podsumowując, poruszanie się po uroczystościach i świętach jako nowy muzułmanin obejmuje zrozumienie islamskich uroczystości, zrównoważenie praktyk osobistych i kulturowych oraz pełne szacunku zaangażowanie w święta islamskie i nieislamskie. Poprzez przyjęcie islamskich uroczystości, podtrzymywanie tradycji rodzinnych i tworzenie nowych praktyk, nowi muzułmanie mogą zintegrować swoją wiarę ze swoim życiem, jednocześnie szanując swoje dziedzictwo kulturowe i pielęgnując pozytywne relacje z innymi.

# Rozdział 28: Integracja ze społecznością muzułmańską

Integracja ze społecznością muzułmańską jest kluczowym aspektem przyjęcia nowej wiary. Obejmuje budowanie więzi, uczestnictwo we wspólnych działaniach i budowanie poczucia przynależności w społeczności. W tym rozdziale omówiono strategie skutecznej integracji ze społecznością muzułmańską, w tym tworzenie relacji, angażowanie się w wspólne działania i pokonywanie potencjalnych wyzwań.

**Zrozumienie dynamiki społeczności:** Społeczność muzułmańska jest zróżnicowana, składa się z osób o różnym pochodzeniu kulturowym, etnicznym i społeczno-ekonomicznym. Zrozumienie tej różnorodności jest niezbędne do skutecznej integracji. Każda społeczność może mieć własne praktyki, tradycje i dynamikę społeczną. Obserwowanie i poznawanie tej dynamiki może pomóc nowym muzułmanom płynnie poruszać się po swojej integracji i budować pełne szacunku relacje.

**Budowanie znaczących relacji:** Nawiązywanie znaczących relacji w społeczności muzułmańskiej jest kluczowe dla integracji. Obejmuje to angażowanie się w kontakty z innymi muzułmanami w różnych miejscach, takich jak meczety, centra społecznościowe i wydarzenia towarzyskie. Przedstawianie się i uczestnictwo w rozmowach może pomóc w budowaniu więzi. Ważne jest, aby podchodzić do interakcji z otwartością i szacunkiem, uznając różnorodność w społeczności i szukając wspólnego gruntu.

**Udział w działaniach społeczności:** Aktywny udział w działaniach społeczności jest skutecznym sposobem na integrację i wkład w społeczność. Może to obejmować uczestnictwo w modlitwach w meczecie, dołączanie do kół studyjnych, udział w wydarzeniach charytatywnych i wolontariat w projektach społecznościowych.

Angażowanie się w te działania nie tylko wzmacnia więź ze społecznością, ale także zapewnia okazje do pozytywnego wkładu i rozwijania poczucia przynależności.

**Szukanie wskazówek i wsparcia:** Integracja z nową społecznością może wiązać się z wyzwaniami, a szukanie wskazówek u bardziej doświadczonych muzułmanów może być korzystne. Mentorzy lub liderzy społeczności mogą zapewnić cenne porady, wsparcie i spostrzeżenia na temat praktyk społeczności. Budowanie relacji z tymi osobami może zapewnić wskazówki dotyczące poruszania się po społeczności i rozwiązywania wszelkich obaw lub pytań, które mogą się pojawić.

**Poszanowanie lokalnych zwyczajów i tradycji:** Każda społeczność muzułmańska może mieć własne zwyczaje i tradycje. Poszanowanie i dostosowanie się do tych lokalnych praktyk jest ważne dla harmonijnej integracji. Obejmuje to zrozumienie niuansów kulturowych wydarzeń społecznościowych, norm społecznych i praktyk religijnych. Bycie uważnym i szanującym te praktyki pomaga w pielęgnowaniu pozytywnych relacji i wykazywaniu chęci bycia częścią społeczności.

**Pokonywanie barier językowych:** W niektórych społecznościach język może być barierą integracji. Nauka podstawowych zwrotów w lokalnym języku i angażowanie się w rozmowy może ułatwić komunikację i pomóc w przezwyciężaniu luk. Wiele społeczności oferuje również zajęcia językowe lub wsparcie dla nowych muzułmanów, co może pomóc w przezwyciężaniu barier językowych i zwiększaniu uczestnictwa w działaniach społeczności.

**Poruszanie się wśród różnic kulturowych:** Podczas gdy islam zapewnia uniwersalne ramy, praktyki kulturowe mogą się znacznie różnić. Poruszanie się wśród tych różnic wymaga wrażliwości i otwartości. Zrozumienie, że kulturowe wyrazy wiary mogą się różnić, nie podważa podstawowych zasad islamu. Przyjęcie tej różnorodności i nauczenie się doceniania różnych praktyk kulturowych w społeczności muzułmańskiej może wzbogacić czyjeś doświadczenie i przyczynić się do bardziej inkluzywnego środowiska.

**Udział w wydarzeniach towarzyskich i rodzinnych:** Udział w wydarzeniach towarzyskich i rodzinnych w społeczności muzułmańskiej może pomóc w budowaniu silniejszych więzi i głębszej integracji. Obchodzenie świąt islamskich, uczestnictwo w spotkaniach rodzinnych i udział we wspólnych posiłkach stwarzają okazje do interakcji i nawiązywania kontaktów. Wydarzenia te oferują również szansę na poznanie i zaangażowanie się w różne aspekty kultury i tradycji islamskiej.

**Utrzymywanie osobistej wiary i tożsamości:** Podczas integracji ze społecznością muzułmańską ważne jest utrzymanie osobistej wiary i tożsamości. Zrównoważenie osobistych przekonań ze wspólnotowymi praktykami pomaga zapewnić, że integracja pozostanie autentyczna i pełna szacunku. Ta równowaga pozwala nowym muzułmanom wnieść wkład do społeczności, pozostając jednocześnie wiernymi swojej indywidualnej duchowej podróży.

**Radzenie sobie z wyzwaniami i nieporozumieniami:** Integracja może wiązać się z wyzwaniami, takimi jak nieporozumienia lub poczucie nie na miejscu. Rozwiązywanie tych wyzwań z cierpliwością i odpornością jest niezbędne. Otwarta komunikacja, poszukiwanie wyjaśnień i utrzymywanie pozytywnego nastawienia może pomóc rozwiązać problemy i ułatwić płynniejszą integrację. Angażowanie się w zasoby wsparcia społeczności, takie jak usługi doradcze lub mediacyjne, może również zapewnić pomoc w pokonywaniu trudności.

**Wspieranie poczucia przynależności:** Budowanie poczucia przynależności obejmuje poczucie bycia połączonym i cenionym w społeczności. Aktywne uczestnictwo w działaniach społecznościowych, nawiązywanie przyjaźni i wkład w projekty społecznościowe może wspierać to poczucie przynależności. Ważne jest również, aby rozpoznawać i celebrować swój wkład w społeczność, ponieważ wzmacnia to pozytywną i inkluzywną atmosferę.

**Przyjęcie różnorodności społeczności:** Różnorodność w społeczności muzułmańskiej oferuje bogate możliwości uczenia się i rozwoju. Przyjęcie tej różnorodności i zaangażowanie osób z różnych środowisk może poszerzyć perspektywę i poprawić doświadczenie integracji. Zrozumienie i docenienie różnych doświadczeń kulturowych i osobistych w społeczności może prowadzić do bardziej inkluzywnego i wspierającego środowiska.

**Wspieranie rozwoju społeczności:** Wkład w rozwój i wzrost społeczności muzułmańskiej jest ważnym aspektem integracji. Może to obejmować uczestnictwo w inicjatywach społeczności lub kierowanie nimi, wspieranie lokalnych projektów i orędowanie za pozytywnymi zmianami. Aktywnie angażując się w działania na rzecz rozwoju społeczności, nowi muzułmanie mogą odegrać znaczącą rolę w kształtowaniu tętniącej życiem i prosperującej społeczności.

**Znalezienie równowagi:** Zrównoważenie zaangażowania społecznego z osobistymi zobowiązaniami jest niezbędne do utrzymania dobrego samopoczucia i uniknięcia wypalenia. Ważne jest, aby wyznaczać realistyczne cele dla uczestnictwa społecznego i upewnić się, że zaangażowanie jest zgodne z osobistymi i rodzinnymi potrzebami. Znalezienie tej równowagi pomaga utrzymać pozytywne doświadczenie integracji przy jednoczesnym zarządzaniu innymi aspektami życia.

Podsumowując, integracja ze społecznością muzułmańską obejmuje budowanie relacji, uczestnictwo w działaniach społeczności i poruszanie się w dynamikach kulturowych. Poprzez aktywne angażowanie się, poszukiwanie wsparcia i szanowanie lokalnych praktyk nowi muzułmanie mogą tworzyć znaczące połączenia i wnosić pozytywny wkład do swojej społeczności. Przyjęcie różnorodności w społeczności i zrównoważenie zobowiązań osobistych i

wspólnotowych dodatkowo wzbogaca doświadczenie integracji i
wzmacnia poczucie przynależności.

# Rozdział 29: Niezależność finansowa i praca

Osiągnięcie niezależności finansowej i poruszanie się w świecie pracy to kluczowe aspekty rozwoju osobistego i stabilności, zwłaszcza dla nowych muzułmanów przystosowujących się do nowej wiary i stylu życia. Ten rozdział bada, w jaki sposób nowi muzułmanie mogą zarządzać swoimi finansami, szukać sensownego zatrudnienia i równoważyć swoje życie zawodowe z zobowiązaniami religijnymi.

**Zrozumienie niezależności finansowej:** Niezależność finansowa oznacza posiadanie wystarczających zasobów finansowych, aby zaspokoić swoje potrzeby bez polegania na zewnętrznym wsparciu. Dla nowych muzułmanów osiągnięcie niezależności finansowej wiąże się ze zrozumieniem islamskich zasad dotyczących bogactwa, zapewnieniem, że praktyki finansowe są zgodne z etyką islamską i opracowaniem strategii na rzecz długoterminowej stabilności finansowej.

**Islamskie zasady finansów:** Islamskie zasady finansowe opierają się na uczciwości, przejrzystości i zakazie pewnych praktyk, takich jak odsetki (riba), hazard (maysir) i nadmierna niepewność (gharar). Przestrzeganie tych zasad zapewnia, że transakcje finansowe są zgodne z naukami islamu. Nowi muzułmanie powinni zapoznać się z tymi zasadami, aby podejmować świadome decyzje finansowe i szukać usług finansowych zgodnych z prawem islamskim.

**Budżetowanie i planowanie finansowe:** Skuteczne budżetowanie i planowanie finansowe są niezbędne do zarządzania finansami osobistymi i osiągnięcia niezależności finansowej. Tworzenie budżetu obejmuje śledzenie dochodów, wydatków i oszczędności, aby zapewnić mądre wykorzystanie zasobów finansowych. Nowi muzułmanie mogą skorzystać z ustalania celów finansowych, opracowywania planu oszczędnościowego i podejmowania świadomych decyzji dotyczących inwestycji i wydatków.

**Zarządzanie długiem:** Zarządzanie długiem jest krytycznym aspektem niezależności finansowej. Islam zachęca do unikania nadmiernego zadłużenia i odpowiedzialnego zarządzania istniejącym długiem. Nowi muzułmanie powinni dążyć do terminowej spłaty wszelkich zaległych długów i unikać zaciągania nowych długów, które mogłyby prowadzić do problemów finansowych. Jeśli dług jest nieunikniony, skorzystanie z usług konsolidacji długów lub poradnictwa może pomóc w skuteczniejszym zarządzaniu spłatą.

**Inwestowanie zgodnie z prawem islamskim:** Mądre inwestowanie jest kluczowym elementem osiągnięcia niezależności finansowej. Finanse islamskie oferują różne możliwości inwestycyjne zgodne z zasadami szariatu, takie jak akcje halal, nieruchomości i islamskie fundusze inwestycyjne. Nowi muzułmanie powinni zbadać i wybrać opcje inwestycyjne zgodne z wartościami islamskimi, upewniając się, że unikają inwestycji w zakazane branże lub praktyki.

**Znalezienie sensownego zatrudnienia:** Zapewnienie zatrudnienia zgodnego z wartościami islamskimi i osobistymi interesami jest ważne zarówno dla stabilności finansowej, jak i osobistego spełnienia. Nowi muzułmanie powinni szukać ofert pracy, które oferują etyczne środowisko pracy, uczciwe wynagrodzenie i szacunek dla praktyk religijnych. Ważne jest również zapewnienie, że charakter pracy i polityka firmy są zgodne z zasadami islamskimi.

**Równoważenie obowiązków zawodowych i religijnych:** Równoważenie obowiązków zawodowych z obowiązkami religijnymi jest niezbędne do utrzymania duchowego i zawodowego dobrostanu. Nowi muzułmanie powinni komunikować swoim pracodawcom swoje potrzeby religijne, takie jak godziny modlitwy i przestrzeganie Ramadanu. Wiele miejsc pracy oferuje elastyczne rozwiązania lub udogodnienia dla praktyk religijnych, a otwarty dialog może pomóc znaleźć równowagę, która wspiera zarówno pracę, jak i wiarę.

**Networking i rozwój zawodowy:** Budowanie sieci kontaktów zawodowych i dążenie do ciągłego rozwoju zawodowego może zwiększyć szanse na karierę i stabilność finansową. Nowi muzułmanie powinni angażować się w działania networkingowe, uczestniczyć w wydarzeniach branżowych i szukać mentoringu u doświadczonych profesjonalistów. Inwestowanie w rozwój umiejętności i edukację może otworzyć drzwi do nowych możliwości kariery i pomóc w osiągnięciu długoterminowych celów finansowych.

**Przedsiębiorczość i samozatrudnienie:** Przedsiębiorczość oferuje alternatywną drogę do niezależności finansowej dla osób zainteresowanych założeniem własnej działalności gospodarczej. Islam zachęca do przedsiębiorczości jako środka samowystarczalności i wkładu w społeczność. Nowi muzułmanie zainteresowani przedsiębiorczością powinni opracować solidny plan biznesowy, szukać mentoringu i upewnić się, że ich praktyki biznesowe są zgodne z etyką islamską.

**Rozważania etyczne w miejscu pracy:** Radzenie sobie z dylematami etycznymi w miejscu pracy wymaga przestrzegania islamskich wartości uczciwości, integralności i sprawiedliwości. Nowi muzułmanie powinni przestrzegać tych zasad w swoim postępowaniu zawodowym, unikać angażowania się w nieetyczne praktyki i dążyć do stworzenia pozytywnego i pełnego szacunku środowiska pracy. Rozwiązywanie wszelkich problemów etycznych w sposób przejrzysty i profesjonalny jest niezbędne do utrzymania zaufania i wiarygodności.

**Radzenie sobie z wyzwaniami finansowymi:** wyzwania finansowe, takie jak nieoczekiwane wydatki lub kryzysy gospodarcze, mogą mieć wpływ na stabilność finansową. Nowi muzułmanie powinni przygotować się na takie wyzwania, tworząc fundusz awaryjny, zmniejszając nieistotne wydatki i szukając porady finansowej w razie potrzeby. Rozwijanie odporności i zdolności adaptacji w obliczu trudności finansowych może pomóc w skutecznym zarządzaniu i pokonywaniu tych wyzwań.

**Islamskie perspektywy bogactwa i dobroczynności:** Islam postrzega bogactwo jako zaufanie od Allaha i podkreśla znaczenie jego wykorzystywania w dobrym celu. Włączenie darowizn charytatywnych (zakat) i aktów dobroci do planowania finansowego wzmacnia wartości islamskie i przyczynia się do dobrobytu społeczności. Nowi muzułmanie powinni przeznaczać część swoich dochodów na cele charytatywne i szukać możliwości wspierania spraw zgodnych z ich wartościami.

**Planowanie emerytury:** Planowanie emerytury jest ważnym aspektem niezależności finansowej. Nowi muzułmanie powinni rozważyć opcje oszczędzania na emeryturę zgodne z zasadami islamu, takie jak konta emerytalne zgodne z szariatem. Opracowanie planu emerytalnego obejmuje ustalenie długoterminowych celów finansowych, mądre inwestowanie i zapewnienie, że oszczędności emerytalne są zarządzane zgodnie z naukami islamu.

**Wiedza finansowa i edukacja:** Zwiększanie wiedzy finansowej jest kluczowe dla podejmowania świadomych decyzji finansowych. Nowi muzułmanie mogą skorzystać z zasobów edukacyjnych, warsztatów planowania finansowego i konsultacji z doradcami finansowymi, którzy rozumieją finanse islamskie. Zdobycie wiedzy na temat zarządzania finansami, strategii inwestycyjnych i finansów osobistych może pomóc nowym muzułmanom podejmować rozsądne decyzje finansowe.

**Zagadnienia prawne i podatkowe:** Zrozumienie zagadnień prawnych i podatkowych związanych z finansami jest ważne dla skutecznego zarządzania finansami. Nowi muzułmanie powinni być świadomi swoich praw i obowiązków dotyczących opodatkowania, prawa spadkowego i umów prawnych. Poszukiwanie porad u prawników i specjalistów podatkowych, którzy mają wiedzę na temat finansów islamskich, może pomóc w skutecznym poruszaniu się po tych zagadnieniach.

Podsumowując, osiągnięcie niezależności finansowej i poruszanie się w świecie pracy wymaga zrozumienia zasad islamskich, skutecznego budżetowania, zarządzania długiem i rozważań etycznych. Poprzez równoważenie pracy i zobowiązań religijnych, poszukiwanie sensownego zatrudnienia i zdobywanie wykształcenia finansowego nowi muzułmanie mogą budować stabilną i satysfakcjonującą przyszłość finansową, jednocześnie przestrzegając swojej wiary. Przyjęcie przedsiębiorczości, radzenie sobie z wyzwaniami finansowymi i włączenie darowizn charytatywnych jeszcze bardziej zwiększają niezależność finansową i przyczyniają się do osobistego i społecznego dobrobytu.

# Rozdział 30: Radzenie sobie z krytyką i wrogością

Radzenie sobie z krytyką i wrogością może być szczególnie trudne dla nowych muzułmanów, którzy nawigują swoją nową wiarę, jednocześnie stawiając czoła potencjalnym nieporozumieniom i sprzeciwom z różnych źródeł. Ten rozdział bada strategie radzenia sobie z krytyką i wrogością, utrzymywania odporności i wspierania pozytywnych interakcji.

**Zrozumienie źródła krytyki:** Krytyka i wrogość wobec nowych muzułmanów mogą wynikać z różnych źródeł, w tym nieporozumień, ignorancji lub uprzedzeń dotyczących islamu. Zrozumienie przyczyn źródłowych takiej krytyki może pomóc w skuteczniejszym jej rozwiązaniu. Często krytyka opiera się na błędnych przekonaniach lub braku wiedzy, co można złagodzić poprzez edukację i otwarty dialog.

**Zachowanie opanowania i cierpliwości:** Napotkanie krytyki lub wrogości wymaga zachowania opanowania i cierpliwości. Reagowanie na negatywność spokojem i godnością dobrze świadczy o charakterze i wzmacnia zasady islamu. Cierpliwość w obliczu przeciwności losu jest cenioną cechą w islamie, a radzenie sobie z krytyką z gracją może pomóc rozładować napięte sytuacje i promować zrozumienie.

**Angażowanie się w konstruktywny dialog:** Angażowanie się w konstruktywny dialog może pomóc w rozwiązaniu nieporozumień i przeciwdziałaniu wrogości. W obliczu krytyki staraj się odpowiadać jasnymi, pełnymi szacunku wyjaśnieniami i dostarczać dokładnych informacji na temat islamu. Otwarte, szczere rozmowy mogą rozwiać mity i budować mosty zrozumienia. Ważne jest, aby aktywnie słuchać i odnosić się do obaw, nie stając się defensywnym.

**Edukacja innych na temat islamu:** Edukacja jest potężnym narzędziem w walce z krytyką i wrogością. Dzielenie się dokładnymi informacjami na temat islamskich wierzeń, praktyk i wartości może pomóc w przeciwdziałaniu stereotypom i dezinformacji. Udział w programach społecznych, uczestnictwo w dialogach międzywyznaniowych i dostarczanie zasobów edukacyjnych może przyczynić się do bardziej świadomego i pełnego szacunku zrozumienia islamu.

**Szukanie wsparcia ze strony społeczności muzułmańskiej:** Wsparcie ze strony innych muzułmanów może dać siłę i zachętę w radzeniu sobie z krytyką i wrogością. Nawiązanie kontaktu ze wspierającą społecznością oferuje wsparcie emocjonalne, praktyczne porady i poczucie solidarności. Współpraca z liderami społeczności lub mentorami może również zapewnić wskazówki dotyczące radzenia sobie z konkretnymi sytuacjami i utrzymywania odporności.

**Ustanawianie granic i ochrona osobistego dobrostanu:** Ważne jest, aby wyznaczać granice, radząc sobie z uporczywą lub agresywną krytyką. Ochrona osobistego dobrostanu obejmuje rozpoznanie, kiedy konieczne jest wycofanie się z nieproduktywnych lub szkodliwych interakcji. Priorytetowe traktowanie zdrowia psychicznego i emocjonalnego ma kluczowe znaczenie, a poszukiwanie profesjonalnego wsparcia lub poradnictwa może pomóc w radzeniu sobie ze stresem i utrzymaniu odporności.

**Reagowanie pozytywnymi działaniami:** Demonstrowanie wartości islamu poprzez pozytywne działania może przeciwdziałać krytyce i wrogości. Angażowanie się w akty dobroci, dobroczynności i służby społecznej jest przykładem nauk islamskich i może pozytywnie wpływać na innych. Ucieleśniając zasady współczucia i uczciwości, nowi muzułmanie mogą kwestionować błędne wyobrażenia i wspierać bardziej przychylne postrzeganie islamu.

**Radzenie sobie z wrogością w przestrzeni publicznej:** W przypadku napotkania wrogości w przestrzeni publicznej, takiej jak miejsce pracy lub transport publiczny, ważne jest zachowanie spokoju i spokojne podejście do sytuacji. Zgłaszanie incydentów wrogości lub dyskryminacji odpowiednim władzom lub szukanie wsparcia u grup adwokackich może pomóc w rozwiązaniu takich problemów. Zrozumienie swoich praw i ochrony prawnej jest niezbędne do skutecznego radzenia sobie z wrogością.

**Rozwijanie odporności i samoopieki:** Budowanie odporności w obliczu krytyki i wrogości obejmuje rozwijanie strategii radzenia sobie i praktykowanie samoopieki. Angażowanie się w działania promujące relaks, refleksję i rozwój osobisty może pomóc w radzeniu sobie ze stresem i utrzymaniu pozytywnego nastawienia. Regularna modlitwa, medytacja i kontakt z osobami wspierającymi mogą również przyczyniać się do dobrego samopoczucia emocjonalnego.

**Promowanie porozumienia międzywyznaniowego:** Udział w inicjatywach i dialogach międzywyznaniowych może sprzyjać wzajemnemu zrozumieniu i szacunkowi. Poprzez angażowanie się w kontakty z osobami o różnym pochodzeniu religijnym nowi muzułmanie mogą przyczynić się do przezwyciężenia luk i rozwiązania błędnych przekonań. Wspólne wysiłki na rzecz promowania dialogu międzywyznaniowego mogą stworzyć bardziej inkluzywne i pełne szacunku środowisko.

**Rozwiązywanie zinternalizowanej krytyki:** zinternalizowana krytyka lub zwątpienie w siebie wynikające z zewnętrznej krytyki może mieć wpływ na pewność siebie i dobre samopoczucie. Ważne jest, aby rozpoznać i rozwiązać te uczucia, potwierdzając swoją wiarę i szukając wsparcia u zaufanych osób. Przypominanie sobie o pozytywnych aspektach islamu i osobistej podróży może pomóc przezwyciężyć zwątpienie w siebie.

**Zrównoważenie pewności siebie i pokory:** Zrównoważenie pewności siebie w swoich przekonaniach z pokorą jest kluczem do skutecznego radzenia sobie z krytyką. Podczas gdy ważne jest, aby stać mocno przy swojej wierze i wartościach, podchodzenie do krytyki z pokorą i otwartością może prowadzić do bardziej produktywnych rozmów i wzajemnego szacunku. Znalezienie tej równowagi pomaga zachować integralność, jednocześnie wspierając pozytywne interakcje.

**Nauka z konstruktywnej krytyki:** Nie każda krytyka jest wroga; niektóre mogą być konstruktywne i oferować cenne spostrzeżenia. Rozróżnienie między wrogą i konstruktywną krytyką może pomóc w wykorzystaniu informacji zwrotnej do poprawy zrozumienia lub praktyki. Przyjmowanie konstruktywnej krytyki z otwartym umysłem może prowadzić do osobistego rozwoju i lepszych odpowiedzi na przyszłe wyzwania.

**Wykorzystanie pozytywnych doświadczeń:** Refleksja nad pozytywnymi doświadczeniami i interakcjami może zapewnić zachętę i motywację. Dzielenie się historiami pozytywnych spotkań, udanych dialogów i wspierających relacji może wzmocnić poczucie przynależności i celu. Celebrowanie tych doświadczeń może również służyć jako przypomnienie pozytywnego wpływu czyjejś wiary.

**Orędowanie za szacunkiem i tolerancją:** Promowanie szacunku i tolerancji w obrębie społeczności i poza nią może pomóc stworzyć bardziej wyrozumiałe i inkluzywne środowisko. Orędowanie za pełnym szacunku dialogiem, kwestionowanie zachowań dyskryminacyjnych i wspieranie polityk chroniących wolność religijną przyczynia się do bardziej harmonijnego społeczeństwa.

Podsumowując, radzenie sobie z krytyką i wrogością wymaga zrozumienia jej źródeł, zachowania spokoju, angażowania się w konstruktywny dialog i szukania wsparcia w społeczności. Poprzez edukowanie innych, reagowanie pozytywnymi działaniami i praktykowanie odporności, nowi muzułmanie mogą skutecznie stawiać czoła tym wyzwaniom. Przyjęcie międzywyznaniowego zrozumienia, zajęcie się zinternalizowaną krytyką i orędowanie za szacunkiem przyczyniają się do bardziej pozytywnego i inkluzywnego doświadczenia.

# Rozdział 31: Podróżowanie jako muzułmanka

Podróżowanie jako muzułmanka wiąże się z wyjątkowym zestawem rozważań i przygotowań, aby zapewnić zarówno osobisty komfort, jak i przestrzeganie zasad islamu. Ten rozdział omawia praktyczne wskazówki i strategie dotyczące poruszania się w podróży, przy jednoczesnym zachowaniu praktyk religijnych, bezpieczeństwa i osobistego dobrostanu.

**Planowanie i przygotowanie:** Skuteczne planowanie jest kluczowe dla płynnej podróży. Zacznij od zbadania miejsca docelowego, aby zrozumieć lokalne zwyczaje, klimat i dostępne udogodnienia. Rozważ, w jaki sposób te czynniki mogą wpłynąć na Twoją zdolność do praktykowania islamu, np. znalezienie opcji halal, obiektów modlitewnych i odpowiedniego zakwaterowania. Przygotowanie szczegółowego planu podróży i upewnienie się, że wszystkie niezbędne dokumenty, takie jak paszporty i wizy, są w porządku, jest niezbędne dla bezproblemowej podróży.

**Utrzymywanie praktyk religijnych:** Upewnienie się, że możesz zachować swoje praktyki religijne podczas podróży, wymaga pewnych wcześniejszych przygotowań. Noszenie kompaktowej maty modlitewnej i kompasu Qibla lub aplikacji mobilnej może pomóc Ci znaleźć kierunek modlitwy. Wcześniejsze zbadanie lokalnych meczetów lub miejsc modlitwy może być również korzystne. W przypadku postu w czasie Ramadanu lub przestrzegania innych obowiązków religijnych zaplanuj z wyprzedzeniem, aby zarządzać swoim harmonogramem i znaleźć odpowiednie zakwaterowanie lub wyżywienie.

**Wybór odpowiedniego ubioru:** Ubieranie się skromnie jest istotnym aspektem podróży jako muzułmanka. Wybierz ubrania, które są zgodne z wytycznymi islamskimi, a jednocześnie są praktyczne i wygodne w miejscu docelowym. Lekkie, oddychające tkaniny są idealne w ciepłym klimacie, a ubrania warstwowe zapewniają elastyczność w różnych temperaturach. Dodatkowo rozważ spakowanie różnych skromnych strojów, które nadają się do różnych warunków i kontekstów kulturowych.

**Bezpieczeństwo:** Priorytetem podczas podróży jest bezpieczeństwo. Zapoznaj się z lokalnymi wytycznymi bezpieczeństwa i wszelkimi ostrzeżeniami dotyczącymi podróży do miejsca docelowego. Dbaj o bezpieczeństwo swoich rzeczy i bądź świadomy swojego otoczenia, zwłaszcza w nieznanych obszarach. Zaleca się również posiadanie danych kontaktowych w nagłych wypadkach i planu na wypadek potencjalnych problemów, takich jak zgubione dokumenty lub nagłe wypadki medyczne.

**Poruszanie się po przestrzeniach publicznych:** Podczas podróży możesz napotkać różne poziomy akceptacji i zrozumienia praktyk islamskich w przestrzeniach publicznych. Aby temu zaradzić, podchodź do interakcji z cierpliwością i szacunkiem. Jeśli ktoś zapyta cię o twój strój lub praktyki, wykorzystaj to jako okazję do edukacji i dzielenia się informacjami na temat islamu. W przypadku jakiegokolwiek dyskomfortu lub trudności poszukaj wsparcia w lokalnych społecznościach muzułmańskich lub organizacjach.

**Znalezienie żywności halal:** Identyfikacja opcji żywności halal może być priorytetem podczas podróży. Poszukaj restauracji, punktów gastronomicznych lub rynków, które oferują żywność halal w miejscu docelowym. Wiele miast ma zasoby online lub aplikacje, które wymieniają lokale halal. Jeśli żywność halal nie jest łatwo dostępna, rozważ zabranie ze sobą przekąsek lub opcji posiłków halal. Alternatywnie, znalezienie opcji wegetariańskich lub owoców morza może być również odpowiednią alternatywą.

**Zdrowie i higiena:** Utrzymanie zdrowia i higieny jest kluczowe podczas podróży. Upewnij się, że masz wystarczającą ilość niezbędnych leków i bądź świadomy lokalnych środków ostrożności lub szczepień wymaganych w miejscu docelowym. Przestrzegaj zasad higieny, szczególnie podczas podróży do obszarów o innych warunkach sanitarnych i rozważ zabranie ze sobą artykułów do pielęgnacji osobistej w rozmiarze podróżnym, które są zgodne z przepisami lotniska.

**Wybór zakwaterowania:** Wybór zakwaterowania zgodnego z Twoimi potrzebami i preferencjami jest ważny. Szukaj hoteli lub noclegów, które oferują udogodnienia do modlitwy, takie jak wyznaczone pokoje modlitewne lub ciche miejsca. Podczas dokonywania rezerwacji zapytaj o zasady dotyczące praktyk religijnych gości, aby zapewnić sobie komfortowy pobyt. Jeśli zatrzymujesz się u znajomych lub rodziny, poinformuj o swoich potrzebach z wyprzedzeniem, aby zapewnić wzajemne zrozumienie i szacunek.

**Poszanowanie lokalnych zwyczajów:** Zrozumienie i poszanowanie lokalnych zwyczajów i norm kulturowych jest niezbędne do pozytywnych interakcji. Zapoznaj się z lokalnymi zasadami ubioru, etykietą społeczną i wszelkimi stosownymi przepisami, które mogą mieć wpływ na Twoje doświadczenia w podróży. Świadomość tych zwyczajów pomaga uniknąć nieporozumień i pokazuje szacunek dla kultury gospodarza.

**Radzenie sobie ze zmęczeniem podróżą:** Podróż może być wyczerpująca fizycznie i psychicznie. Aby radzić sobie ze zmęczeniem podróżą, priorytetowo traktuj odpoczynek i dbanie o siebie. Zaplanuj przerwy podczas długich podróży i zapewnij czas na relaks po przyjeździe. Utrzymywanie nawodnienia, jedzenie zbilansowanych posiłków i odpowiednia ilość snu są kluczowe dla utrzymania poziomu energii i ogólnego dobrego samopoczucia.

**Radzenie sobie z nieoczekiwanymi sytuacjami:** Elastyczność i zdolność adaptacji są kluczowe w radzeniu sobie z nieoczekiwanymi sytuacjami podczas podróży. Bądź przygotowany na zmiany planów, takie jak opóźnienia lotów lub zmiany zakwaterowania, i radź sobie z nimi z cierpliwością. Posiadanie planu awaryjnego i zachowanie spokoju w obliczu wyzwań może pomóc w radzeniu sobie z wszelkimi trudnościami, które się pojawią.

**Nawiązywanie kontaktów z lokalnymi społecznościami muzułmańskimi:** Nawiązywanie kontaktów z lokalnymi społecznościami muzułmańskimi może ulepszyć Twoje doświadczenia związane z podróżą. Mogą one oferować cenne spostrzeżenia, rekomendacje i wsparcie w zakresie znajdowania usług halal i miejsc modlitwy. Nawiązywanie kontaktów z lokalnymi muzułmanami za pośrednictwem meczetów, centrów społecznościowych lub grup w mediach społecznościowych może zapewnić poczucie przynależności i pomoc podczas pobytu.

**Równoważenie prywatności i interakcji społecznych:** Równoważenie prywatności z interakcją społeczną jest ważne podczas podróży. Szanuj lokalne zwyczaje dotyczące interakcji płciowych i przestrzeni osobistej oraz jasno komunikuj swoje preferencje. Jeśli podróżujesz z grupą, upewnij się, że ustalenia uwzględniają zarówno Twoje praktyki religijne, jak i potrzeby społeczne.

**Dokumentowanie i refleksja:** Prowadzenie dziennika podróży lub dokumentowanie swoich doświadczeń może być cennym sposobem na refleksję nad podróżą. Rejestrowanie obserwacji, interakcji i refleksji pomaga przetwarzać doświadczenia i zachowywać znaczące wspomnienia. Ponadto dzielenie się swoimi doświadczeniami z innymi może zapewnić wgląd i inspirację innym muzułmańskim podróżnikom.

**Powrót do domu i refleksja:** Po powrocie do domu poświęć chwilę na refleksję nad swoimi doświadczeniami z podróży. Oceń, co poszło dobrze i jakie obszary wymagają poprawy. Refleksja nad podróżą pomaga w planowaniu przyszłych podróży i integrowaniu zdobytych doświadczeń z codziennym życiem. Dzielenie się swoimi spostrzeżeniami z innymi może również przyczynić się do szerszego zrozumienia podróżowania jako muzułmanki.

Podsumowując, podróżowanie jako muzułmanka wymaga starannego planowania i przygotowania, aby zapewnić zachowanie praktyk religijnych, bezpieczeństwa i osobistego komfortu. Dzięki zrozumieniu i poszanowaniu lokalnych zwyczajów, znalezieniu odpowiedniego zakwaterowania i opcji żywieniowych oraz elastycznemu radzeniu sobie z wyzwaniami związanymi z podróżą, nowi podróżnicy muzułmańscy mogą mieć satysfakcjonujące i pełne szacunku doświadczenie podróży. Zrównoważenie prywatności z interakcją społeczną, angażowanie się w lokalne społeczności i refleksja nad podróżą dodatkowo wzbogaca doświadczenie podróży i przyczynia się do rozwoju osobistego.

# Rozdział 32: Kontynuowanie edukacji islamskiej

Kontynuowanie edukacji islamskiej to trwająca całe życie podróż, która wzmacnia zrozumienie, wzmacnia wiarę i kieruje rozwojem osobistym i duchowym. Ten rozdział bada różne metody i zasoby służące pogłębianiu wiedzy o islamie, utrzymywaniu zaangażowania w naukę i stosowaniu nauk islamskich w życiu codziennym.

**Przyjęcie nauki przez całe życie:** Edukacja islamska nie ogranicza się do określonego okresu; jest to ciągły proces, który rozciąga się na całe życie. Przyjmij nastawienie na naukę przez całe życie, uznając, że pogłębianie zrozumienia islamu wzbogaca twoją duchową podróż i pomaga poruszać się po zawiłościach życia. Podchodź do nauki z ciekawością i szczerym pragnieniem rozwoju w wiedzy i wierze.

**Wykorzystanie tradycyjnych metod nauki:** Tradycyjne metody nauki islamu obejmują naukę pod okiem wykwalifikowanych uczonych, uczestnictwo w wykładach i udział w kręgach studyjnych lub halaqas. Szukaj renomowanych uczonych i nauczycieli, którzy oferują zajęcia lub seminaria na różne tematy islamskie. Udział w kręgach studyjnych zapewnia okazje do dyskusji, refleksji i głębszego zrozumienia zasad islamskich.

**Korzystanie z zasobów online:** Era cyfrowa oferuje bogactwo zasobów online dla edukacji islamskiej. Przeglądaj renomowane strony internetowe, kursy online i platformy edukacyjne, które zapewniają dostęp do wykładów, artykułów i interaktywnych kursów na tematy islamskie. Korzystaj z platform, takich jak islamskie uniwersytety online, wykłady wideo i podcasty, aby uzupełnić swoją naukę i być na bieżąco z aktualnymi problemami.

**Czytanie literatury islamskiej:** Czytanie książek i artykułów naukowych to cenny sposób na poszerzenie swojej wiedzy. Zacznij od podstawowych tekstów na temat teologii islamskiej, jurysprudencji i historii, a następnie stopniowo zgłębiaj bardziej specjalistyczne tematy. Staraj się czytać książki renomowanych autorów i uczonych, którzy trzymają się autentycznych źródeł wiedzy islamskiej. Prowadzenie listy lektur i regularne poświęcanie czasu na czytanie może pomóc Ci utrzymać zaangażowanie w ciągłą edukację.

**Udział w lokalnych zajęciach islamskich:** Wiele meczetów i centrów islamskich oferuje zajęcia i warsztaty na temat różnych aspektów islamu. Weź udział w tych lokalnych okazjach edukacyjnych, aby zdobyć wiedzę i nawiązać kontakt z innymi muzułmanami. Zajęcia mogą obejmować tematy takie jak studia koraniczne, hadisy, historia islamu i rozwój osobisty. Zajęcia te zapewniają ustrukturyzowane środowisko do nauki i dyskusji.

**Nauka języka arabskiego:** Zrozumienie języka arabskiego może znacznie wzbogacić Twoją edukację islamską, ponieważ umożliwia bezpośredni dostęp do Koranu, hadisów i klasycznych tekstów islamskich. Rozważ zapisanie się na kursy języka arabskiego lub skorzystanie z aplikacji do nauki języka, aby rozwinąć biegłość. Nauka języka arabskiego nie tylko wzbogaca Twoją naukę tekstów islamskich, ale także ułatwia głębsze połączenie z językiem Koranu.

**Stosowanie wiedzy w życiu codziennym:** Edukacja islamska jest najskuteczniejsza, gdy jest stosowana w życiu codziennym. Staraj się włączać nauki i zasady, których się uczysz, do swoich działań, decyzji i interakcji. Zastanów się, w jaki sposób nauki islamskie kierują twoim zachowaniem, relacjami i rozwojem osobistym. Stosowanie wiedzy pomaga w prowadzeniu życia zgodnego z wartościami islamskimi i przyczynia się do rozwoju osobistego.

**Angażowanie się w refleksję i samoocenę:** Regularnie zastanawiaj się nad swoją ścieżką edukacyjną i oceniaj swoje postępy. Oceń, jak dobrze integrujesz nauki islamskie ze swoim życiem i zidentyfikuj obszary dalszego rozwoju. Samoocena pomaga w rozpoznawaniu osiągnięć, stawianiu czoła wyzwaniom i wyznaczaniu nowych celów edukacyjnych. Praktyki refleksyjne przyczyniają się do głębszego zrozumienia i bardziej znaczącego zastosowania wiedzy islamskiej.

**Łączenie się ze społecznością islamską:** Angażowanie się w społeczność islamską zapewnia dodatkowe możliwości uczenia się i rozwoju. Uczestnicz w wydarzeniach społecznościowych, wykładach i dyskusjach, aby uzyskać wgląd od innych i podzielić się własnymi doświadczeniami. Budowanie więzi z innymi muzułmanami, którzy również są oddani nauce, może zapewnić wsparcie, motywację i poczucie przynależności.

**Eksploracja różnorodnych perspektyw:** Islam obejmuje bogactwo różnorodnych perspektyw i interpretacji. Eksploruj różne punkty widzenia w ramach nauki islamskiej, aby uzyskać kompleksowe zrozumienie różnych aspektów wiary. Zaangażowanie w różnorodne perspektywy sprzyja wszechstronnemu spojrzeniu na nauki islamskie i zachęca do krytycznego myślenia i pełnego szacunku dialogu.

**Ustalanie celów i priorytetów edukacyjnych:** Ustal jasne cele i priorytety dla swojej edukacji islamskiej. Określ konkretne obszary zainteresowań lub tematy, które chcesz dalej zgłębiać i stwórz plan osiągnięcia tych celów. Ustalanie osiągalnych celów pomaga w utrzymaniu koncentracji i motywacji w Twojej podróży edukacyjnej. Regularnie przeglądaj i dostosowuj swoje cele w razie potrzeby, aby zachować zgodność z Twoimi aspiracjami edukacyjnymi.

**Włączanie edukacji islamskiej do życia rodzinnego:** Zachęcaj i wspieraj edukację islamską w swojej rodzinie. Dziel się wiedzą z członkami rodziny, angażuj się we wspólne sesje nauki i stwórz wspierające środowisko do nauki. Włączanie edukacji islamskiej do życia rodzinnego wzmacnia więzi rodzinne i sprzyja wspólnemu zaangażowaniu w rozwój osobisty i duchowy.

**Poszukiwanie wiedzy z renomowanych źródeł:** Upewnij się, że źródła wiedzy, z których korzystasz, są renomowane i zgodne z autentycznymi naukami islamskimi. Sprawdź referencje i kwalifikacje uczonych i platform edukacyjnych, aby uniknąć dezinformacji i błędnej interpretacji. Poleganie na wiarygodnych źródłach zapewnia, że Twoja nauka opiera się na solidnych zasadach islamskich.

**Utrzymywanie zrównoważonego podejścia:** Zrównoważ swoje dążenie do edukacji islamskiej z innymi aspektami życia, w tym pracą, rodziną i osobistym dobrostanem. Unikaj przeciążania się i upewnij się, że Twoje działania edukacyjne uzupełniają, a nie kolidują z innymi obowiązkami. Zrównoważone podejście wspiera zrównoważoną naukę i ogólne dobre samopoczucie.

**Wykorzystanie aplikacji i technologii islamskich:** Nowoczesna technologia oferuje szereg aplikacji i narzędzi do edukacji islamskiej. Poznaj aplikacje, które zapewniają dostęp do tekstów Koranu, zbiorów hadisów, czasów modlitwy i treści edukacyjnych. Wykorzystanie technologii może ulepszyć Twoje doświadczenie edukacyjne i zapewnić wygodny dostęp do zasobów islamskich.

Podsumowując, kontynuowanie edukacji islamskiej obejmuje uczenie się przez całe życie, wykorzystywanie tradycyjnych i nowoczesnych zasobów oraz stosowanie wiedzy w życiu codziennym. Angażowanie się w różne metody nauki, zastanawianie się nad postępami i poszukiwanie wiarygodnych źródeł przyczynia się do głębszego zrozumienia islamu. Zrównoważenie dążeń edukacyjnych z innymi obowiązkami życiowymi i włączenie nauki do życia rodzinnego jeszcze bardziej wzbogaca twoją podróż i wzmacnia twoją wiarę.

# Rozdział 33: Nauczanie islamu swoim dzieciom

Nauczanie islamu dzieciom jest podstawowym aspektem pielęgnowania ich rozwoju duchowego i moralnego. Obejmuje przekazywanie islamskich wartości, wiedzy i praktyk w sposób angażujący, znaczący i odpowiedni do wieku. Ten rozdział bada skuteczne strategie nauczania islamu dzieciom, pielęgnowania ich miłości do wiary i kierowania nimi w stawaniu się odpowiedzialnymi i świadomymi muzułmanami.

**Wpajanie wartości islamskich od najmłodszych lat:** Zacznij nauczać wartości islamskich od najmłodszych lat, integrując je z codziennym życiem. Dzieci uczą się, obserwując zachowanie swoich rodziców, więc moceluj wartości życzliwości, uczciwości, cierpliwości i szacunku. Włączaj nauki islamskie do codziennych interakcji, podkreślając znaczenie dobrego charakteru i etycznego zachowania.

**Tworzenie pozytywnego środowiska:** Wspieraj pozytywne i pełne miłości środowisko do nauczania islamu. Spraw, aby nauka o islamie była radosnym doświadczeniem, stosując angażujące i interaktywne metody. Zachęcaj do ciekawości i pytań o wiarę oraz udzielaj przemyślanych i odpowiednich do wieku odpowiedzi. Tworzenie opiekuńczej atmosfery pomaga dzieciom rozwijać silne i pozytywne połączenie z islamem.

**Wprowadzenie podstawowych wierzeń i praktyk:** Zacznij od podstaw islamskich wierzeń i praktyk, w tym jedności Allaha, Proroków i znaczenia Koranu. Przedstaw Pięć Filarów Islamu — Szahadę, Salah, Zakat, Sawm i Hadżdż — w sposób zrozumiały i możliwy do odniesienia. Użyj prostego języka i przykładów, aby wyjaśnić te koncepcje i ich znaczenie.

**Włączanie historii z Koranu i hadisów:** Wykorzystuj historie z Koranu i hadisów, aby nauczać islamskich zasad i wartości. Opowieści o prorokach, ich życiu i wyzwaniach mogą być szczególnie wpływowe. Wybieraj historie, które podkreślają lekcje moralne i stosuj je w codziennych sytuacjach, pomagając dzieciom zrozumieć znaczenie tych nauk w ich własnym życiu.

**Zachęcanie do regularnej modlitwy i czci:** Wpajaj swoim dzieciom nawyk regularnej modlitwy i czci, angażując je w codzienne praktyki. Zacznij od prostych i krótkich modlitw i stopniowo wprowadzaj bardziej złożone, gdy będą starsze. Stwórz rodzinną rutynę, która obejmuje czas modlitwy i recytację Koranu, i zachęcaj dzieci do aktywnego uczestnictwa.

**Nauczanie recytacji Koranu i rozumienia:** Edukacja Koranu jest centralnym aspektem wychowania islamskiego. Wprowadź recytację Koranu do swoich dzieci w młodym wieku, stosując metody odpowiednie do wieku, takie jak nauka poprzez piosenki lub interaktywne aplikacje. Skup się zarówno na zapamiętywaniu, jak i rozumieniu wersetów Koranu, podkreślając ich znaczenie i zastosowanie w życiu codziennym.

**Promowanie dobrych manier i etykiety:** nauczanie islamskich manier i etykiety jest niezbędne do kształtowania zachowań i interakcji dzieci. Podkreślaj znaczenie mówienia „Bismillah" przed jedzeniem, okazywania wdzięczności i traktowania innych z szacunkiem. Wykorzystuj codzienne sytuacje jako okazje do wzmacniania islamskiej etykiety i zachęcania do dobrego zachowania.

**Angażowanie dzieci w działania społeczne:** Zaangażuj swoje dzieci w działania i wydarzenia społeczne, aby pomóc im nawiązać kontakt z ich muzułmańską tożsamością. Udział w wydarzeniach meczetowych, festiwalach islamskich i działaniach charytatywnych zapewnia praktyczne doświadczenia wartości islamskich i wzmacnia poczucie przynależności do szerszej społeczności muzułmańskiej.

**Zachęcanie do krytycznego myślenia i zadawania pytań:** Zachęcaj swoje dzieci do zadawania pytań i zgłębiania ich zrozumienia islamu. Udzielaj przemyślanych i odpowiednich do wieku odpowiedzi na ich pytania i wspieraj je w poszukiwaniu wiedzy z wiarygodnych źródeł. Promowanie krytycznego myślenia pomaga dzieciom rozwijać głębszą i bardziej osobistą więź ze swoją wiarą.

**Równoważenie edukacji religijnej i świeckiej:** Zapewnij równowagę między edukacją religijną i świecką. Wspieraj swoje dzieci w ich dążeniach akademickich, jednocześnie wzmacniając nauki islamskie. Pomóż im zrozumieć, w jaki sposób wartości i zasady islamskie mogą kierować ich zachowaniem i podejmowaniem decyzji w różnych aspektach życia, w tym w nauce i interakcjach z innymi.

**Modelowanie islamskiego zachowania:** Dzieci uczą się na przykładach, więc modeluj islamskie zachowanie w swoim życiu. Pokaż, jak radzić sobie z wyzwaniami, konfliktami i codziennymi sytuacjami zgodnie z naukami islamu. Twoje działania i reakcje dostarczają potężnych lekcji, jak żyć jako praktykujący muzułmanin.

**Tworzenie duchowej rutyny:** Ustal duchową rutynę, która obejmuje regularne praktyki, takie jak czytanie Koranu, uczęszczanie na zajęcia islamskie i angażowanie się w akty kultu. Zachęcaj dzieci do udziału w tych czynnościach jako części ich codziennej lub cotygodniowej rutyny. Stała duchowa rutyna pomaga wzmacniać nauki islamskie i budować silne podstawy wiary.

**Wspieranie osobistego wzrostu i rozwoju:** Wspieraj osobisty wzrost i rozwój swoich dzieci, rozpoznając ich wyjątkowe mocne strony i zainteresowania. Zachęcaj je do podejmowania działań i hobby zgodnych z wartościami islamskimi i przyczyniających się pozytywnie do ich rozwoju. Zapewnianie możliwości rozwoju pomaga dzieciom czuć się cenionymi i wspieranymi w ich drodze wiary.

**Rozwiązywanie wyzwań i wątpliwości:** Rozwiązuj wszelkie wyzwania lub wątpliwości, jakie mogą mieć Twoje dzieci, z empatią i zrozumieniem. Stwórz otwarte i bezpieczne środowisko, w którym będą czuły się komfortowo, omawiając swoje obawy i szukając wskazówek. Oferuj wsparcie i zapewnienie oraz w razie potrzeby szukaj pomocy u kompetentnych źródeł.

**Świętowanie islamskich kamieni milowych:** Świętuj ważne islamskie kamienie milowe i osiągnięcia w życiu swoich dzieci, takie jak zapamiętywanie wersetów Koranu lub odprawianie pierwszej modlitwy. Doceniaj ich wysiłki i osiągnięcia poprzez pochwały i nagrody, wzmacniając pozytywne aspekty ich rozwoju duchowego.

**Promowanie miłości do islamu:** Pielęgnuj prawdziwą miłość i entuzjazm dla islamu, czyniąc naukę przyjemną i znaczącą. Dziel się pięknem i mądrością nauk islamskich poprzez opowieści, działania i dyskusje. Zachęcaj do pozytywnego nastawienia do wiary i pomóż dzieciom dostrzec jej znaczenie i wagę w ich życiu.

**Utrzymywanie otwartej komunikacji:** Utrzymuj otwartą komunikację ze swoimi dziećmi na temat ich wiary i doświadczeń. Regularnie rozmawiaj z nimi, aby omówić ich myśli, uczucia i wszelkie pytania, jakie mogą mieć. Otwarta komunikacja pomaga budować zaufanie i zapewnia, że dzieci czują się wspierane i zrozumiane w swojej duchowej podróży.

**Zaangażowanie rozszerzonej rodziny:** Zaangażuj rozszerzone rodziny w edukację islamską swoich dzieci. Dziadkowie, wujkowie i ciotki mogą odegrać wspierającą rolę we wzmacnianiu nauk islamskich i zapewnianiu dodatkowego przewodnictwa. Stworzenie sieci wspierających członków rodziny przyczynia się do wszechstronnego i wspierającego środowiska dla duchowego rozwoju twoich dzieci.

**Zachęcanie do zaangażowania społecznego:** Zachęcaj swoje dzieci do wnoszenia wkładu w swoją społeczność poprzez akty służby i dobroczynności. Angażowanie ich w projekty społeczne i możliwości wolontariatu pomaga im zrozumieć znaczenie oddawania i przyczyniania się do dobrobytu innych.

**Przeglądanie i refleksja:** Regularnie przeglądaj i zastanawiaj się nad swoim podejściem do nauczania islamu swoich dzieci. Oceń, co działa dobrze i zidentyfikuj obszary do poprawy. Dostosuj swoje strategie w razie potrzeby, aby zapewnić, że edukacja islamska Twoich dzieci pozostanie skuteczna i angażująca.

Podsumowując, nauczanie islamu dzieci obejmuje tworzenie pozytywnego i wspierającego środowiska, integrowanie wartości islamskich z codziennym życiem i stosowanie różnorodnych metod edukacyjnych. Poprzez modelowanie zachowań, zachęcanie do uczestnictwa w działaniach społeczności i rozwiązywanie problemów z empatią możesz pokierować swoimi dziećmi w rozwijaniu silnej i znaczącej więzi z ich wiarą. Równoważenie edukacji religijnej i świeckiej, wspieranie rozwoju osobistego i pielęgnowanie otwartej komunikacji dodatkowo wzmacnia ich rozwój duchowy i moralny.

# Rozdział 34: Prywatne kwestie Fiqh dla nowych muzułmanek

Poruszanie się po prywatnych kwestiach fiqh islamu może być znaczącą częścią podróży nowej muzułmanki. Fiqh, czyli jurysprudencja islamska, zajmuje się różnymi aspektami codziennego życia, w tym osobistym zachowaniem, sprawami rodzinnymi i indywidualną odpowiedzialnością. W przypadku nowych muzułmanek zrozumienie i prawidłowe stosowanie tych zasad może pomóc im zintegrować nową wiarę ze swoim życiem z pewnością siebie i jasnością.

**Zrozumienie jurysprudencji islamskiej:** Fiqh to badanie i stosowanie prawa islamskiego pochodzącego z Koranu i hadisów. Zawiera wytyczne dotyczące tego, jak żyć zgodnie z zasadami islamskimi w różnych aspektach życia. Dla nowych muzułmanek zdobycie podstawowej wiedzy na temat fiqh jest niezbędne, aby zapewnić, że będą mogły prawidłowo praktykować swoją wiarę i rozwiązywać wszelkie problemy, które mogą się pojawić.

**Higiena osobista i czystość rytualna:** Jednym z podstawowych aspektów fiqh dla kobiet jest higiena osobista i czystość rytualna. Prawo islamskie nakazuje określone praktyki utrzymywania czystości, w tym regularne modlitwy i stan czystości rytualnej wymagany do tych modlitw. Obejmuje to zrozumienie zasad wudu (ablucji), ghusl (oczyszczania całego ciała) i menstruacji. Wiedza, jak prawidłowo wykonywać te czynności i zrozumienie ich znaczenia, jest kluczowe dla utrzymania czystości zarówno fizycznej, jak i duchowej.

**Miesiączka i krwawienie poporodowe:** Miesiączka i krwawienie poporodowe (nifas) to istotne aspekty fiqh, które wpływają na codzienne praktyki religijne kobiety. Podczas menstruacji i krwawienia poporodowego kobiety są zwolnione z wykonywania pewnych aktów kultu, takich jak Salah (modlitwa) i post. Są jednak zachęcane do angażowania się w inne formy kultu i dobre uczynki. Zrozumienie tych przepisów i sposobu zarządzania kultem w tych okresach jest ważne dla zachowania praktyk religijnych.

**Skromność i dress code:** Islamskie zasady skromności wpływają na dress code dla muzułmanek. Wymaganie skromności jest często interpretowane poprzez noszenie hidżabu lub innych form skromnego ubioru. Zrozumienie różnych opinii i praktyk w ramach jurysprudencji islamskiej dotyczących skromności może pomóc nowym muzułmankom podejmować świadome decyzje dotyczące ich ubioru. Celem jest zrównoważenie osobistego komfortu z przestrzeganiem islamskich wytycznych dotyczących skromności.

**Małżeństwo i życie rodzinne:** Fiqh zajmuje się również różnymi aspektami małżeństwa i życia rodzinnego. Dla nowych muzułmanek zrozumienie islamskich zasad małżeństwa, w tym praw i obowiązków małżonków, jest niezbędne. Obejmuje to wiedzę na temat wymagań dotyczących ważnego kontraktu małżeńskiego (nikah), praw kobiet w małżeństwie i wytycznych dotyczących utrzymywania zdrowego i pełnego szacunku związku małżeńskiego.

**Rozwód i separacja:** W przypadkach, gdy małżeństwo się nie udaje, ważne jest zrozumienie islamskich zasad rozwodu i separacji. Fiqh dostarcza wytycznych dotyczących procedur rozwodowych (talaq), w tym okresu oczekiwania (ʿiddah), praw i obowiązków finansowych obu stron oraz procesu pojednania. Znajomość tych zasad może pomóc nowym muzułmankom poruszać się po zawiłościach rozwodu z poczuciem jasności i sprawiedliwości.

**Prawo spadkowe:** Islamskie prawo spadkowe jest integralną częścią fiqh i odgrywa kluczową rolę w określaniu podziału majątku zmarłego. Zrozumienie zasad dziedziczenia, w tym udziałów przydzielanych różnym krewnym, może być ważne dla nowych muzułmanek w zarządzaniu własnym majątkiem lub zrozumieniu swoich praw w przypadku śmierci członka rodziny.

**Zarządzanie finansami osobistymi:** jurysprudencja islamska dostarcza wskazówek dotyczących zarządzania finansami, w tym zasad związanych z zarabianiem, wydawaniem i oszczędzaniem pieniędzy. Zrozumienie pojęć halal (dopuszczalne) i haram (zabronione) w transakcjach finansowych, takich jak odsetki (riba) i nieetyczne inwestycje, może pomóc nowym muzułmankom zarządzać swoimi finansami w sposób zgodny z zasadami islamu.

**Problemy zdrowotne i medyczne:** Fiqh zajmuje się również kwestiami związanymi ze zdrowiem i problemami medycznymi. Obejmuje to zrozumienie dopuszczalności zabiegów medycznych, w tym tych, które mogą obejmować zmiany w ciele lub wprowadzanie znaczących zmian w stylu życia. Dla nowych muzułmanek wiedza o tym, jak podejmować świadome decyzje dotyczące swojego zdrowia, przestrzegając jednocześnie zasad islamskich, jest ważna dla utrzymania zarówno fizycznego, jak i duchowego dobrego samopoczucia.

**Zaangażowanie społeczności i interakcje społeczne:** Angażowanie się w szerszą społeczność przy jednoczesnym przestrzeganiu zasad islamskich obejmuje zrozumienie granic interakcji między mężczyznami i kobietami, uczestnictwo w działaniach społeczności i przyczynianie się do dobrobytu społecznego. Nowe muzułmanki powinny szukać wskazówek, jak zrównoważyć swój udział w działaniach społecznych i społecznościowych z zachowaniem islamskich wytycznych dotyczących skromności i interakcji.

**Aspiracje edukacyjne i zawodowe:** Ważnym czynnikiem jest nawigowanie po celach edukacyjnych i zawodowych przy jednoczesnym przestrzeganiu zasad islamu. Zrozumienie, jak zrównoważyć ambicje zawodowe z obowiązkami religijnymi, takimi jak czas modlitwy i skromność, może pomóc nowym muzułmankom realizować swoje aspiracje zawodowe, jednocześnie pozostając oddanymi swojej wierze.

**Rozwój duchowy i osobisty:** Fiqh nie dotyczy tylko przestrzegania zasad, ale także rozwoju osobistego i duchowego. Nowe muzułmanki powinny dążyć do pogłębienia zrozumienia nauk islamskich poprzez ciągłą edukację i osobistą refleksję. Obejmuje to eksplorację głębszego znaczenia praw i zasad islamskich oraz stosowanie ich w celu wzmocnienia charakteru i duchowości.

**Rozwiązywanie osobistych wątpliwości i obaw:** Naturalne jest, że nowe muzułmanki mają wątpliwości lub obawy dotyczące pewnych aspektów fiqh. Poszukiwanie wiedzy od wykwalifikowanych uczonych, uczestnictwo w kręgach studyjnych i angażowanie się w dyskusje z osobami posiadającymi wiedzę może pomóc w rozwiązaniu tych obaw. Ważne jest, aby podchodzić do tych kwestii z otwartym umysłem i chęcią uczenia się.

**Utrzymanie zrównoważonego podejścia:** Utrzymanie zrównoważonego podejścia do fiqh obejmuje integrację zasad islamskich z codziennym życiem, przy jednoczesnym uwzględnieniu osobistych okoliczności i praktycznych realiów. Ważne jest, aby nowe muzułmanki szukały wskazówek, które są zarówno świadome, jak i praktyczne, zapewniając, że ich praktyki są zgodne z naukami islamskimi i odpowiednie dla ich indywidualnych sytuacji.

**Poszukiwanie wsparcia i wskazówek:** Poruszanie się po prywatnych kwestiach fiqh może być skomplikowane, a poszukiwanie wsparcia ze strony kompetentnych źródeł jest kluczowe. Może to obejmować konsultacje z uczonymi, uczestnictwo w zajęciach i angażowanie się w wspierającą społeczność muzułmańską. Dostęp do wskazówek i zasobów pomaga nowym muzułmankom podejmować świadome decyzje i praktykować swoją wiarę z pewnością siebie.

Podsumowując, zajmowanie się prywatnymi problemami fiqh obejmuje zrozumienie i stosowanie islamskiej jurysprudencji w różnych aspektach życia osobistego. W przypadku nowych muzułmanek obejmuje to zarządzanie higieną osobistą, zrozumienie przepisów dotyczących menstruacji i okresu poporodowego, przestrzeganie wytycznych dotyczących skromności, poruszanie się w kwestiach małżeńskich i rodzinnych oraz rozwiązywanie problemów finansowych i zdrowotnych. Poprzez poszukiwanie wiedzy, utrzymywanie zrównoważonego podejścia i poszukiwanie wsparcia, nowe muzułmanki mogą skutecznie i pewnie integrować zasady islamskie ze swoim życiem.

# Rozdział 35: Kwestie Fiqh dla nowych muzułmanek związane z modlitwą i postem

Dla nowych muzułmanek zrozumienie fiqh (islamskiej jurysprudencji) związanej z modlitwą i postem jest niezbędne do dokładnego i pewnego praktykowania ich wiary. Te dwa podstawowe akty czci, Salah (modlitwa) i Sawm (post), są kluczowe dla praktyki islamskiej i mają określone zasady i wytyczne, których należy przestrzegać. Ten rozdział zagłębia się w kluczowe kwestie fiqh związane z modlitwą i postem, oferując jasność co do tego, jak prawidłowo przestrzegać tych praktyk.

**Zrozumienie podstaw Salah (modlitwy):** Salah jest jednym z pięciu filarów islamu i jest odprawiana pięć razy dziennie: Fajr, Dhuhr, Asr, Maghrib i Isha. Każda modlitwa ma określone godziny i ważne jest, aby odprawiać je w wyznaczonych okresach. Dla nowych muzułmanek zrozumienie godzin każdej modlitwy i właściwego sposobu jej odprawiania jest fundamentalne.

**Wymagania wstępne do modlitwy:** Przed odprawieniem modlitwy muszą zostać spełnione pewne wymagania wstępne:

1. **Czystość rytualna:** Salah wymaga czystości rytualnej, którą osiąga się poprzez Wudu (ablucję). W przypadkach poważnej nieczystości, takiej jak po menstruacji lub porodzie, konieczne jest Ghusl (oczyszczenie całego ciała). Nowe muzułmanki powinny nauczyć się, jak prawidłowo wykonywać Wudu i Ghusl oraz zrozumieć zasady, które się z nimi wiążą.

2. **Czyste ubranie i miejsce modlitwy:** Ubranie noszone podczas modlitwy musi być czyste i zakrywać `awrah (części ciała, które muszą być zakryte). Miejsce modlitwy powinno być również czyste i wolne od zanieczyszczeń. Zapewnienie

spełnienia tych warunków pomaga zachować ważność modlitwy.

**Skierowanie się w stronę Qibla:** Podczas modlitwy Salah muzułmanie muszą zwrócić się w stronę Qibla, kierunku Kaaba w Mekce. Nowe muzułmanki powinny nauczyć się, jak określić Qibla, co można zrobić za pomocą kompasu, narzędzi online lub aplikacji, które podają kierunek na podstawie ich lokalizacji. Skierowanie się w stronę Qibla jest podstawowym wymogiem ważności modlitwy Salah.

**Rola menstruacji i krwawienia poporodowego:** W przypadku kobiet doświadczających menstruacji lub krwawienia poporodowego istnieją szczególne zasady dotyczące Salah. W tych okresach kobiety są zwolnione z wykonywania codziennych modlitw. Powinny jednak nadal angażować się w inne formy kultu, takie jak odmawianie Dua (błagania) i angażowanie się w dobre uczynki. Po zakończeniu menstruacji lub krwawienia poporodowego kobiety muszą wykonać Ghusl przed wznowieniem Salah.

**Łączenie modlitw:** W pewnych okolicznościach dozwolone jest łączenie modlitw. Jest to szczególnie istotne dla kobiet, które mogą mieć trudności z odprawianiem modlitw w wyznaczonych porach z różnych powodów, takich jak praca lub podróż. Łączenie modlitw może odbywać się między Dhuhr i Asr lub między Maghrib i Isha. Zrozumienie, kiedy i jak łączyć modlitwy, może zapewnić elastyczność przy jednoczesnym zachowaniu przestrzegania praktyk islamskich.

**Post (Sawm) w czasie Ramadanu:** Post w miesiącu Ramadan jest ważnym aktem czci i jednym z Pięciu Filarów Islamu. Obejmuje on powstrzymywanie się od jedzenia, picia i stosunków małżeńskich od świtu do zachodu słońca. Dla nowych muzułmanek zrozumienie zasad i wytycznych dotyczących postu jest niezbędne, aby zapewnić jego ważność i skuteczność.

**Wyjątki od postu:** Istnieją szczególne wyjątki od postu dla niektórych osób. Należą do nich:

1. **Miesiączka i krwawienie poporodowe:** Kobiety, które miesiączkują lub doświadczają krwawienia poporodowego, są zwolnione z postu. Są zobowiązane do nadrobienia opuszczonych postów później, gdy będą w stanie to zrobić.
2. **Ciąża i karmienie piersią:** Kobiety w ciąży lub karmiące piersią, które martwią się o swoje zdrowie lub zdrowie swojego dziecka, mogą również zostać zwolnione z postu. Powinny skonsultować się z osobą posiadającą wiedzę lub pracownikiem służby zdrowia, aby ustalić najlepszy sposób postępowania i nadrobić pominięte posty później lub w razie potrzeby zapewnić fidyah (rekompensatę).

**Właściwa intencja i Suhoor:** Aby post był ważny, musi być wykonany z właściwą intencją (niyyah). Intencja postu powinna być podjęta przed Fajr (świtem) każdego dnia Ramadanu. Suhoor, posiłek przed świtem, jest wysoce zalecany i zapewnia pożywienie i siłę na dzień postu. Jest to Sunnah (godna pochwały praktyka), aby mieć Suhoor, nawet jeśli jest to tylko niewielka ilość jedzenia.

**Przerwanie postu (Iftar):** Post przerywa się o zachodzie słońca Iftar, posiłkiem, który tradycyjnie rozpoczyna się od zjedzenia daktyli i wypicia wody. Ważne jest, aby przerwać post natychmiast o zachodzie słońca, a następnie wykonać modlitwę Maghrib przed kontynuowaniem posiłku Iftar. Praktyka Iftar podkreśla wdzięczność i braterstwo.

**Zarządzanie problemami zdrowotnymi:** Dla nowych muzułmanek zarządzanie problemami zdrowotnymi podczas postu jest ważne. Jeśli post stwarza poważne ryzyko dla zdrowia, takie jak przewlekła choroba lub poważne odwodnienie, kobiety powinny zasięgnąć porady lekarskiej. W takich przypadkach odpowiednie mogą być alternatywy, takie jak zapewnienie fidyah lub późniejsze odrobienie opuszczonych postów.

**Zadośćuczynienie za opuszczone posty:** Jeśli kobieta opuszcza posty z ważnych powodów, takich jak choroba lub ciąża, zazwyczaj jest zobowiązana do odrobienia opuszczonych postów później. W przypadkach, gdy post nie jest możliwy, takich jak przewlekła choroba, fidyah (karmienie ubogich) może być wymagane jako rekompensata.

**Nadrabianie opuszczonych postów:** Po Ramadanie wszelkie opuszczone posty z ważnych powodów muszą zostać nadrobione przed następnym Ramadanem. Nowe muzułmanki powinny zaplanować dokończenie tych opuszczonych postów tak szybko, jak to możliwe, aby wypełnić ten obowiązek. Jeśli opuszczone posty nie zostaną nadrobione przed następnym Ramadanem, muszą zostać zrekompensowane poprzez złożenie fidyah.

**Utrzymywanie duchowego skupienia:** Podczas Ramadanu i przez cały rok utrzymywanie duchowego skupienia jest kluczowe. Post nie polega tylko na powstrzymywaniu się od potrzeb fizycznych, ale także na duchowym rozwoju, samodyscyplinie i zwiększaniu oddania. Zaangażowanie się w dodatkowe nabożeństwa, recytowanie Koranu i składanie modlitw Dua to sposoby na zwiększenie duchowych korzyści postu.

**Radzenie sobie ze szczególnymi okolicznościami:** Sytuacje takie jak podróż lub choroba mogą mieć wpływ na zdolność do postu lub modlitwy w zwykły sposób. Islam zapewnia elastyczność w takich przypadkach, umożliwiając dostosowania, takie jak łączenie modlitw lub przerywanie postu. Zrozumienie, jak radzić sobie z tymi szczególnymi okolicznościami zgodnie z naukami islamu, pomaga zachować wiarę i praktykę nawet w trudnych sytuacjach.

**Zrównoważenie modlitwy i postu z codziennym życiem:** Zintegrowanie praktyk modlitwy i postu z codziennym życiem wymaga starannego planowania i równowagi. Nowe muzułmanki powinny zarządzać swoimi harmonogramami, aby dostosować czas modlitwy i wymagania postu, jednocześnie wypełniając inne obowiązki, takie jak praca, rodzina i zobowiązania osobiste.

Planowanie i organizacja mogą pomóc zapewnić, że obowiązki religijne są przestrzegane bez powodowania zbędnego stresu.

**Poszukiwanie wiedzy i wsparcia:** Ciągła nauka o fiqh związanym z modlitwą i postem jest ważna. Nowe muzułmanki powinny szukać wiedzy u wykwalifikowanych uczonych, uczęszczać na zajęcia islamskie i angażować się we wspierające społeczności muzułmańskie. Dostęp do wiarygodnych informacji i poszukiwanie wskazówek może pomóc w rozwiązaniu wszelkich pojawiających się obaw lub pytań.

Podsumowując, zrozumienie kwestii fiqh związanych z modlitwą i postem jest niezbędne, aby nowe muzułmanki mogły praktykować swoją wiarę dokładnie i pewnie. Obejmuje to znajomość warunków wstępnych modlitwy, radzenia sobie z menstruacją i krwawieniem poporodowym, zrozumienie zasad postu i zajęcie się wszelkimi problemami zdrowotnymi lub wyjątkami. Poprzez poszukiwanie wiedzy, równoważenie praktyk religijnych z codziennym życiem i utrzymywanie duchowego skupienia, nowe muzułmanki mogą wypełniać swoje obowiązki religijne, jednocześnie pielęgnując swój rozwój duchowy.

# Wniosek

Przyjęcie islamu jako nowa muzułmanka to głęboka i transformująca podróż, która dotyka każdego aspektu życia. Ta książka porusza 35 istotnych tematów, które mają na celu pokierowanie i wsparcie nowych muzułmanek w ich nowej wierze, zajmując się zarówno duchowymi, jak i praktycznymi aspektami ich życia. Od zrozumienia podstawowych zasad islamu, takich jak wiara w Allaha i przestrzeganie Koranu i Sunny, po radzenie sobie z niuansami codziennego życia, w tym relacjami z niemuzułmańską rodziną i przyjaciółmi, małżeństwem, rodzicielstwem i rozwojem osobistym, ten przewodnik ma na celu zapewnienie kompleksowego zasobu.

Jednym z najważniejszych tematów w tej książce jest znaczenie budowania osobistej relacji z Allahem. Ta relacja jest fundamentem wiary islamskiej, oferując wskazówki, siłę i pokój, gdy człowiek porusza się po zawiłościach życia. Niezależnie od tego, czy poprzez modlitwę, post, czy poszukiwanie wiedzy, podróż pogłębiania wiary jest wysiłkiem trwającym całe życie, który wymaga cierpliwości, poświęcenia i otwartego serca.

Kolejnym kluczowym celem było zrozumienie i stosowanie islamskiej jurysprudencji (fiqh) w życiu codziennym. Dla nowych muzułmanek nauka prawidłowego wykonywania modlitw, poszczenia w czasie Ramadanu i zarządzania innymi obowiązkami religijnymi jest kluczowa. Ta wiedza nie tylko zapewnia prawidłowe wykonywanie praktyk religijnych, ale także wpaja pewność siebie i poczucie przynależności do szerszej społeczności muzułmańskiej.

Nawigowanie w relacjach — czy to z mężem niebędącym muzułmaninem, rodziną czy przyjaciółmi — również było ważnym tematem. Przejście na islam może wiązać się z wyzwaniami w tych obszarach, ale dzięki cierpliwości, komunikacji i zrozumieniu te relacje można utrzymać, a nawet wzmocnić. Zasady współczucia, szacunku i życzliwości, które promuje islam, są uniwersalne i mogą służyć jako pomost w relacjach międzywyznaniowych.

Ponadto książka ta porusza kwestię znaczenia społeczności. Budowanie więzi w społeczności muzułmańskiej, znajdowanie wsparcia i przyczynianie się do zbiorowego dobrostanu są kluczowe dla rozwoju osobistego i poczucia przynależności. Islam to nie tylko osobista wiara, ale wspólnotowa, w której wsparcie i dzielone doświadczenia odgrywają kluczową rolę w duchowej podróży jednostki.

Wyzwania związane z równoważeniem tożsamości kulturowej, stawianie czoła krytyce i radzenie sobie z błędnymi przekonaniami na temat islamu to również rzeczywistość, z którą mogą się zetknąć nowe muzułmanki. Jednak dzięki wiedzy, pewności siebie i silnemu systemowi wsparcia, te wyzwania można pokonać z odpornością i wdziękiem. Zrozumienie, że droga do stania się w pełni zintegrowaną i pewną siebie muzułmanką jest ciągła, może pomóc złagodzić presję, aby „wszystko zrobić dobrze” natychmiast.

Jak kończy się ta książka, istotne jest, aby zdać sobie sprawę, że podróż każdej nowej muzułmanki jest wyjątkowa. Doświadczenia, wyzwania i zwycięstwa będą się różnić w zależności od osoby, ale sedno islamu — poddanie się Allahowi i życie zgodnie z Jego wskazówkami — pozostaje niezmienne. Podążanie tą ścieżką ze szczerością, poszukiwanie wiedzy i ciągłe dążenie do osobistego i duchowego rozwoju doprowadzi do spełnionego i znaczącego życia islamskiego.

Ta książka nie jest końcem, ale raczej towarzyszem podróży. Nowe muzułmanki są zachęcane do kontynuowania nauki, poszukiwania zasobów i angażowania się w swoje społeczności. Islam to trwająca całe życie podróż rozwoju, zrozumienia i pogłębiania wiary. Niech ta książka będzie pomocnym przewodnikiem i źródłem inspiracji, gdy będziesz kontynuować swoją ścieżkę jako muzułmanka, poruszając się po pięknym i wieloaspektowym świecie islamu.

www.ingramcontent.com/pod-product-compliance
Lightning Source LLC
Chambersburg PA
CBHW012304240726
48656CB00008B/2538